影响孩子一生的（彩图版）

中外名人成才故事

Celebrity Stories

主编/龚勋

艺术巨擘

江西教育出版社
JIANGXI EDUCATION PUBLISHING HOUSE

为你打造
一所成功学院

　　每个人都梦想成功，每个人都有成功的潜能，但不是每个人都能成功，只有掌握成功的秘诀才有可能获得成功。那么，从哪里可以学到成功的秘诀？从本系列图书开始，你将步入一所不同凡响的成功学院，这里的老师个个都是其所在领域中创造历史、改变历史的精英人物。

　　"影响孩子一生的中外名人成才故事"系列汇集了古今中外数百位名人，既有雄韬伟略的领袖，又有勇猛无畏、叱咤风云的军中豪杰；既有睿智深刻的哲人，又有孜孜追求真理的科技英杰；既有笔耕不辍的文坛俊杰，又有创造精湛艺术的杰出代表……他们将带领孩子们去回顾他们的成长历程，将他们博大精深的智慧传授给孩子们，更重要的是带孩子们体验和领悟他们那种为了理想执著追求的勇气和精神。

　　这些名人们的成长积累下丰富的成功经验，是帮助我们通向成功的一条捷径。只要我们认真学习、深刻领悟，我们也会像这些名人一样，通过不懈努力一步步走向辉煌！

Celebrity

总有一种力量
让我们前行……

在人类社会各个阶段中，总有着一些与众不同的人物：他们具备睿智的目光，拥有深邃的思想，蕴藏超人的智慧，具有追求真理的精神……在无法逆转的社会进步大潮中，他们用自己的杰出贡献在人类历史上留下了一串串不可磨灭的印迹。

但是，名人不是自然生成的，他们也曾和我们一样默默无闻，也曾在迷惘与困顿中徘徊……但是他们的坚毅品性、过人胆略、恒定信念与执著勇气，使他们熬过了人生的严冬，迎来了生命的春天。

本系列共八册，从人类历史中筛选出具有代表性的数百位精英人物，按领域分为政治领袖、军事将领、圣哲名师、科技英杰、文学泰斗、艺术巨擘、名家名流、发明大家，以生动的故事形式分别讲述了他们的成长、成才历程，让孩子们在轻松、愉快的阅读中体验名人们在政治活动中的雄韬伟略，在战争环境下的雄风与智谋，在哲学伦理中的深邃与博大，在文学艺术中的激情与创造，以及在科学技术中的严谨与神奇。与此同时，孩子们也能从中受到激励、启发和教益，从而充实自我、提高自身修养，树立远大的志向。

相信读完本系列书后的你会从名人的身上，找到鞭策自己前进、激励自己奋斗的动力。Celebrity

追寻艺术大师们的
成才脚步

在人类艺术的殿堂里，艺术家们将音乐与美术这两种不同的艺术表现形式巧妙地结合在一起。优秀的绘画、雕塑作品能给人以美的享受，使人从作品的色彩、线条、结构中感受到音乐的韵律和节奏；而优美的音乐旋律同时也是一幅美丽的画，是一幅以音符为色彩、以旋律为线条所绘出的只能用听觉去观看的心灵之画。

艺术是美的，然而艺术作品却是在充满艰辛与坎坷的艺术创作之路上诞生的。

达·芬奇、米开朗琪罗和拉斐尔这三位文艺复兴时期的艺术代表，在长达数年的学艺生涯中增长技艺，在创作中升华艺术境界，终于成为影响时代的顶级大师。

罗丹在经历了人生的失意与转机之后，悟出雕塑作品的灵魂所在，为19世纪停滞了的雕塑艺术带来了新的光明和生机。

在音乐上，莫扎特这位天才作曲家，在生活困顿的情况下依然激情创作，终为世人留下众多浪漫经典的作品。

伟大的音乐家贝多芬战胜了耳疾的折磨，谱下了无数不朽的名曲……

本书从世界范围内遴选出几十位具有代表性的艺坛巨擘，讲述了他们的成长、成才历程，希望青少年朋友能够从中受到激励、启发和教益，从而提高自身修养，树立远大的志向。

目录
CONTENTS

Successful life

站在名人的肩膀上，
让我们懂得更多，看得更远……

一代书圣
王羲之

Wang Xizhi

人物档案

姓　　名：王羲之

生 卒 年：303～361

籍　　贯：琅琊临沂（今属山东）

身　　份：东晋书法家

重大成就：创造了极富神采的"王体"字

　　王羲之是东晋著名的书法家，被后人尊奉为"书圣"，他的书法作品被后人争相模仿。

　　王羲之从7岁起就开始学习书法。他的老师卫铄是个很有名气的女书法家，人们称她为卫夫人。卫夫人很喜欢王羲之这个聪明的学生，不但尽心地教他练字，还常用前人练字的故事来激励他。

　　一次，王羲之问卫夫人："我怎样才能快点儿把字练好呢？"卫夫人看到王羲之急切的样子，没有直接回答，而是讲了东汉书法家张芝刻苦练字，洗涮笔砚把家门前的池塘染黑的故事。

王羲之听完故事，心想："为了练好字，张芝洗笔砚洗出的墨汁把池塘都染黑了，他下的工夫多深啊！要是我也像张芝那样刻苦，一定也能把字练好。"

从此以后，王羲之练字更加努力了。他也像张芝那样，每天练完字，就到门前的池塘里洗笔砚。时间一长，原来清澈的池塘也变成了墨池。后来，王羲之每搬到一处，都要在门前的池塘里洗笔砚，留下的墨池比张芝的还要多。

王羲之在向卫夫人学习书法以后，又学习了张芝的草书、钟繇的楷书，可是他觉得还不够，决心向更多的书法家学

习，把别人的长处统统学到手。后来，他先后到武昌、九江等地做官。每到一地，看到前人留下的碑文、题字，他总要细心地临摹下来，一有空就拿出来看，认真地琢磨体会其中的特点。

由于王羲之肯下工夫苦练，他的手腕变得很有劲，运起笔来十分有力。传说有一次，他在一块木板上写了几个字，工匠拿去刻字的时候发现，墨迹竟深深地渗透到木头里，足有几毫米深呢！

经过这样多年如一日的刻苦努力，王羲之的书法技艺越来越高。他的书法作品很多，在中国古代书法史上占有重要地位，其中以《兰亭序》艺术成就最高，被誉为"天下第一行书"。

成功密码

在人类的历史上，因勤奋刻苦而成才的人数不胜数，王羲之便是其中之一。王羲之洗笔砚，把一池塘的水洗黑；在木板上写字时，墨迹竟然深深地渗透到木头里。这些都是他勤奋刻苦的体现。正是由于这样的勤奋精神，才成就了他一代书圣的美名。

"点睛"传神的绘画大师
顾恺之

Gu Kaizhi

人物档案

姓　　名：顾恺之

生 卒 年：约345～409

籍　　贯：晋陵无锡（今江苏无锡市）

身　　份：东晋画家

重大成就：画有《女史箴图》《洛神赋图》等

　　顾恺之出生在晋陵无锡一个富庶的官宦之家，他的祖父和父亲都做过大官。顾恺之从小便受到了良好的教育。

　　在顾恺之很小的时候，父亲就请人教他读书、写字；稍大一些，就教他写文、作诗。少年时代的顾恺之聪明好学，逐渐具备了一定的文学艺术修养。随着年龄的增长，顾恺之对绘画

产生了浓厚的兴趣。

顾恺之善于画人物，尤其擅长画女性，这与他的孝心有关。

顾恺之一出世，母亲就离开了人间。他懂事后，心中总是想着母亲长得什么模样，并且一次又一次地向父亲问起母亲的脸庞、身材如何。听了父亲的回答后，他心中有了母亲的身影、脸型。他发誓要把母亲的像画出来。

顾恺之的代表作之一——《女史箴图》（局部）

顾恺之画了一张又一张，可是父亲见了总是摇头，说："不像。"他毫不气馁，继续作画。

画到第十张时，父亲说："身材和手足有点儿像。"他欣喜若狂，更加用心地画母亲的画像。

不久，他画的画像得到了父亲的认可："像了，像了，只是眼神还不太像。"他继续潜心画眼睛，画了改，改了画，为此他又花了近一年的时间，完成了一幅自己满意的母亲的画像。

当他又一次把画像送到父亲面前时，父亲拿着母亲的画

■ 顾恺之的绘画作品——《洛神赋图》（局部）

像舍不得放下，说："太像了！尤其眼神最像。"顾恺之就这样通过勤学苦练，到20岁时，就已成为著名的画家了。

顾恺之画画讲究传神，重视"点睛"。有一年，建康（今天的南京市）城新建的瓦官寺住持因募集不到资金而十分烦恼。这时，顾恺之找到住持，说要捐钱一百万。他提出要在一面粉刷好的墙壁上画一幅维摩诘像，住持可从前来观画的人那里募集到捐款。

住持将大殿西壁准备好之后，顾恺之闭门一个多月，精心绘制了一幅没有眼睛的维摩诘像。由于他的画技高超，很快吸引了很多人前来观看。

将要画眼睛的时候，顾恺之对住持说："第一天来看画的人，请他捐十万；第二天来看画的人，捐钱五万；第三天随意布施。"

之后不久，顾恺之信笔"点睛"，维摩诘像果然顿时神采飞扬。很快，他就为寺庙募集到了足够的钱。

顾恺之以画人物肖像为主，但也画了许多神仙、佛像、禽兽、山水等，尤其在山水画方面最富有创造性。

在我国晋代以前，画家一般是不单独画山水画的，山水只是作为人物的衬影。顾恺之在绘画创作上进行了大胆的尝试，他以山水为主题作画，开创了绘画史上山水画的先河。

成功密码

顾恺之只是信笔"点睛"，画上的人物便神采飞扬。台上一分钟，台下十年功，在这看似随意的一笔背后，饱含着顾恺之付出的无数汗水和努力。没有他反反复复的练习和改进，就不会产生那许多栩栩如生的人物画像，更不会使他成为一位名垂青史的伟大画家。

狂草妙手
张旭

人物档案

姓　　名：张旭
生 卒 年：约675~759
籍　　贯：吴郡（今江苏苏州）
身　　份：唐代书法家
重大成就：发展出狂草书体

　　张旭是唐代书法家，他继承和发扬了前人的草书，创造出潇洒磊落、变幻莫测的狂草，被后人称为"草圣"。

　　张旭非常喜爱书法，他把满腔热情都倾注在点画之间，如痴如醉。开元年间（713~741年），张旭担任常熟县尉。他为人正派，为官清廉，每个案件都要亲自审问。可这样一来，他就没了写字的时间。不能因为练字而耽误了审理案件，也不想因为审理案件而耽误练习书法，为此，张旭想出了一个两全其美的办法：在公堂上练字——判案下批文，就当是练字！

　　没有几天，一位老者因为鸡毛蒜皮的小事前来告状。张旭问明情况、弄清是非

■ 张旭的书法作品——《断千文》（局部）

Celebrity stories

后，当堂提笔写好判词，了结了此案。老者接过判词，满脸喜悦地离去了。可是，没过几天，老者又来告状，张旭一看，仍然是些小事。这样反复几次后，张旭不由得有些恼火，打算以扰乱公堂为由将老者轰出衙门。

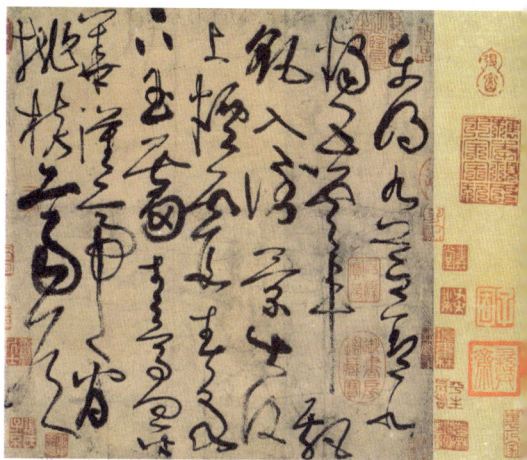
张旭的草书作品——《古诗四帖》（局部）

　　老者见张旭发怒了，才说出真情："小民并不是为了打官司而来的，只是因为知道您字写得非常好，就想以告状为借口骗取您的墨宝。"张旭听了这话，才知道遇到了知音，立即问道："你家中有好的书法作品吗？"老者回答："我的父亲也很喜爱书法，他生前收藏了很多书法作品。"张旭喜出望外，忙向老者借阅。借来那些绝妙的书法作品后，张旭细心临摹琢磨，从中获益匪浅，书法技艺有了很大的长进。

　　据记载，张旭非常喜爱喝酒，他喝醉后，常常把头发浸在墨汁里，蘸饱墨后用头发书写。他的"发书"飘逸奇妙，

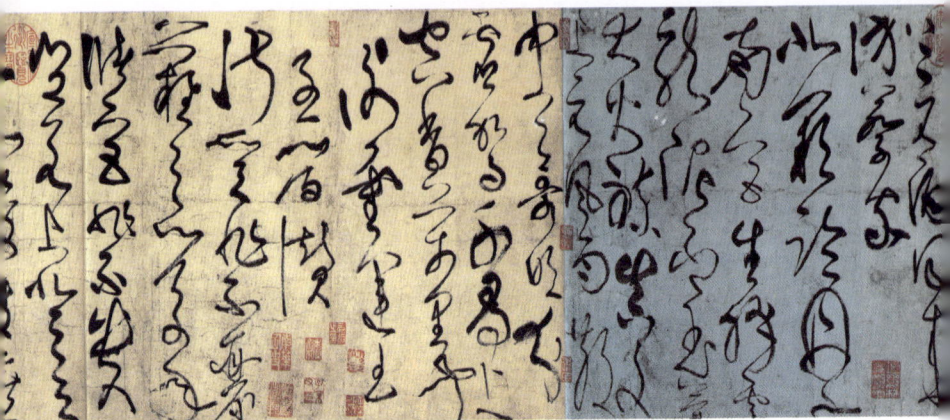

《古诗四帖》（局部）

异趣横生。一天，张旭和好友贺知章饮酒正在兴头上，国舅杨国忠突然登门拜访。张旭非常厌恶这位总是仗势欺人的皇亲，他冷冷地问道："你……你来干什么？"

"我来请草圣给写几个字。"

"行，不过得有劳你把那盆水研成墨，我才会给你写。"

"没问题。"杨国忠为了得到张旭的字，只得放下架子，亲自研墨。

墨研好后，张旭站起身，把纸挂在墙壁上。说时迟，那时快，只见他奔到盆旁，把头浸到墨里，然后在纸上癫狂地写起来。不一会儿，字写完了。张旭喘着气说："杨国舅，拿……拿去吧！"说完，他倒在床上就昏睡了过去。

杨国忠看着纸上的字，气得脸红脖子粗，骂道："简直是个疯子！"他把纸揉成一团，扔到门边，气愤地走了。

第二天，张旭酒醒后，与贺知章一同欣赏被遗弃的"发书"，认为它神妙无比，把它当成珍宝一样。

《断千文》（局部）

张旭的艺术成就在于不仅将草书艺术发挥到了极致，更重要的是他将书法的继承与发展完美地结合在一起。他在草书艺术上的成就为后人所景仰，他也因此被后人誉为"草圣"。

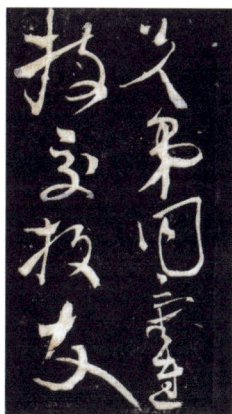

成功密码

没有对书法的癫狂热爱，就不会有日后名垂史册的"草圣"。正因为这种癫狂，张旭才得以发展出笔法放纵、字形繁多且充满变化的"狂草"体。虽然大部分人难以辨认出字形，但正是这种连鬼神都不知端倪的"雄逸天纵"书法，成了人们为之倾倒的艺术。

唐代画圣
吴道子

人物档案

姓　　名：吴道子

生 卒 年：不祥

籍　　贯：阳翟（今河南禹县）

身　　份：唐代画家

重大成就：绘有《天王送子图》《维摩诘像》等名作

　　吴道子在很小的时候就失去了父母，生活非常贫困。为了有口饭吃，他便向民间画工和雕匠学艺。吴道子学习很刻苦，十几岁的时候，他的绘画的技艺就已经非常娴熟了。

　　长大后，吴道子来到当时经济、文化中心之一的洛阳，开始了流浪的生活。在洛阳的这段时间，吴道子潜心于寺院道观的壁画创作。很快，他的名声就传遍了洛阳城内外。尽管如此，他的社会地位依然很低下。

　　公元713年，唐玄宗召吴道子到都城长

安（今天的西安市）担任宫廷画师。从此，吴道子结束了流浪生活，在宫中作画，有时也随皇帝出巡作画，他辉煌的艺术生涯开始了。

《天王送子图》是吴道子的代表画作之一，但原作已经失传。

当时的都城长安是全国的文化中心，城里汇集了许多著名的文人和书画家。吴道子经常和这些人在一起切磋交流，这使他的技艺提高很快。

天宝年间（742～755年），唐玄宗因为喜爱四川的山水，就派遣吴道子前去写生。吴道子漫游嘉陵江，那里秀美的景色令他心旷神怡，他把一切体会和感受都铭刻在了心间。

返回京城后，唐玄宗问吴道子绘画的情况，吴道子直截了当地回答，自己没有画底本，而是把它们全部记在了心里。唐玄宗便命他在大同殿壁上描绘嘉陵山水。

吴道子根据自己的记忆，一天就画出了嘉陵江上三百余里的美丽风光。而在此之前，善于画山水的画家李思训，也曾在大同殿上画过山水，不过他是接连画了几个月。所以，吴道子的画画好之后，唐玄宗不禁称赞道："李思训几个月才能完成的画，吴道子一天就完成了，太了不起了。"这个故事成了绘画史上流传千年的美谈。

吴道子的绘画技巧相当纯熟，据说他画一丈多高的人像，即使从手臂或脚部开始画起，也能画出完整生动的艺术形象；他画佛头部的光芒，只要一笔就能画成。更绝的是，他画人物的衣带，就好像要飘起来似的，让人有微风吹拂的感觉，所以他的画有"吴带当风"的美誉。

吴道子喜欢与文人墨客交往，又经常到各地游历，积累了丰富的绘画经验和绘画题材。在绘画上，他学习以前的画家，

擅长多种题材，其中尤其以绘制宗教壁画和宗教人物画而著称。

■ 吴道子的名作——《维摩诘像》

吴道子的真迹，宋代就已经很难见到，流传至今的重要摹本《天王送子图》可能是宋朝人临摹的，一般认为比较接近吴道子的风格。其他摹本有《宝积宾伽罗佛像》《道子墨宝》，敦煌莫高窟第一百零三窟的《维摩诘像》也可以看出他的风格。

吴道子的画风、画技对后世影响极大，因此他被人们尊称为"画圣"。

成功密码

作为一代画圣，吴道子具有过人的天赋，而且勤奋刻苦。他善于学习他人的长处，观察事物总是用心去体会。他懂得学习和借鉴，总是把要画的事物刻在心里，深入揣摩，构思成熟，所以绘画的时候才会"胸有成竹"。

柳体字的创始人
柳公权

人物档案

姓　　名：柳公权

生 卒 年：778～865

籍　　贯：京兆华原（今陕西耀县）

身　　份：唐代书法家

重大成就：创立"柳体"字

　　柳公权是唐代最后一位大书法家。可是他小的时候，字写得很糟，常常受到先生和父亲的训斥。柳公权很要强，他下决心一定要练好字。经过一年多的日夜苦练，他写的字有了很大的起色，已经远远超过同年龄段的伙伴们了。

　　他写的字，常常得到伙伴们的称赞，老师的夸奖，连严厉的父亲的脸上也露出了微笑。柳公权不禁有点飘飘然起来。

　　一天，柳公权和伙伴们在路边的亭子里练习书法。伙伴们看了

柳公权写的字，都大声赞美着。柳公权得意极了，骄傲地说："这算什么，等过几年，我的书法一定是天下第一。"

这时，一位挑着豆腐担子的老人路过这里，听到柳公权的话，就走过来看他写的字。老人只是稍微扫了一眼，就皱着眉头说："这字写得没筋没骨的，就跟我卖的豆腐一样，还值得在人前夸耀吗？有人用脚写得都比这好哦！"

柳公权一听，涨红了脸，说："我不信……"

老人笑了笑，说："不信，你上城里去看看吧！"

第二天，柳公权来到城里，果然看到一个没有双臂的老人背靠槐树，左脚压纸，右脚夹笔，正在挥洒自如地写字。他写的字那么好，比柳公权写的不知要好多少。柳公权惭愧

极了，"扑通"一声跪在老人面前，说："师父，您收我为徒，教我写字的秘诀吧！"

老人放下笔，对柳公权说："我生来没有手，只能靠脚写几个字混生活，怎么能当你的老师呢？"

但柳公权仍苦苦哀求。最后，老人在地上铺了一张纸，并在上面写了几个字："写尽八缸水，砚染池塘黑。博取百家长，始得龙凤飞。"

柳公权一下子明白了许多。从此，他不再骄傲，发愤练字，手上磨起了厚厚的茧子，衣肘补了一层又一层。经过苦练，柳公权的书法有了极大的提高。

柳公权最初学习王羲之父子的书体，同时对唐代初年的书法家欧阳询、褚遂良等人的作品作了认真研究，尤对颜真卿的笔法极为重视，下苦功学习。

经过长期的练习，他创造了笔画清劲峻拔、

骨力遒健的"柳体"字。"柳体"字既有欧体的方正，又有颜体的圆润，自成一派，被世人称赞为"颜筋柳骨"。

■ 柳公权的楷书作品——《神策军碑》碑文

柳公权为后世留下了大量书法作品。在那些传世作品中，《金刚经刻石》《玄秘塔碑》《神策军碑》最能代表他的楷书风格；《伏审》《十六日》《辱向帖》等是他的行草书代表作，它们的风格仍继承王家风格，结体严谨，潇洒自然。

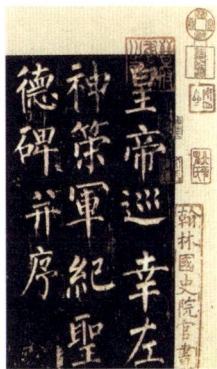

柳公权和他的"柳体"字，在中国的书法史上留下了浓重的一笔，对后世的书法发展有着深远的影响。

成功密码

柳公权小时候能够认清自己的不足，所以他的书法水平才没有停滞不前，书法才能才没有荒废。他勤学苦练，效仿以前的书法家，而且在前人的基础上勇于创新，最终创造出了笔画清劲峻拔、骨力遒健的"柳体"字，使自己成为一名名垂青史的书法大家。

痴狂艺术的"米癫"
米芾

Mi Fu

人物档案

姓　　名：米芾
生 卒 年：1051~1107
籍　　贯：山西太原
身　　份：北宋书画家
重大成就：在书画上创立"米点画法"

　　米芾是中国北宋时期著名的艺术家，他在书法、绘画领域都取得了突出的成就，与苏轼、黄庭坚、蔡襄合称为"宋四家"。

　　米芾7岁时开始学习书法。据说他最初在一所私塾里学习书法，学了三年也没学成。

　　有一天，一位进京赶考的秀才路过米芾的家乡。米芾听说这位秀才对书法很有研究，便拿着自己平常练写的字

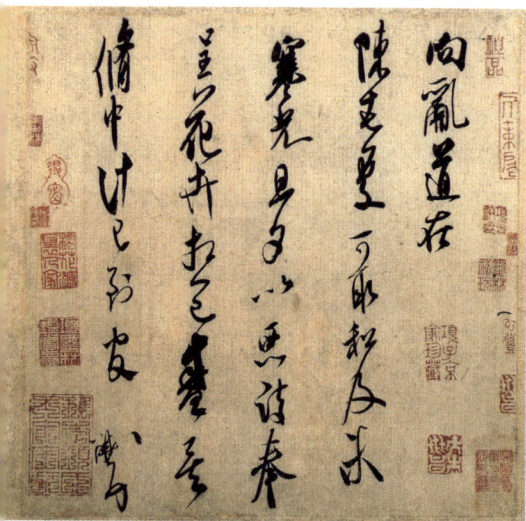

■ 米芾的书法作品——《寒光帖》

■ 米芾的书法作品——《值雨帖》（局部）

去向他请教。秀才认真看过米芾的字后，若有所思地说："要跟我学写字就得买我的纸，一张纸五两银子。"虽然米芾不愿意买这么贵的纸，但学习书法异常心切的他，还是回去想方设法筹集了五两银子，向秀才买了一张纸，同时，约定三天后，秀才去米芾家看他新写的字。

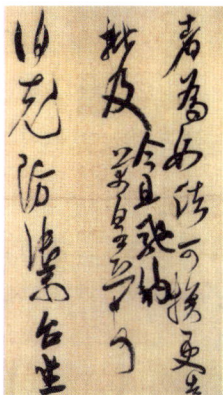

可是，米芾回到家里，却舍不得用这么贵的纸写字，只是翻开字帖，用没蘸墨的笔在桌上对照字帖画来画去，反复琢磨。三天很快就过去了，米芾还没在纸上写一笔。

第四天，秀才如约来到米芾家，见他一个字也没写，便问道："怎么三天了连一个字也没写呀？"米芾说："我怕写不好，浪费了纸。"

秀才笑了笑说："你对字帖已琢磨了三天，现在写个字给我看看。"米芾当即提笔写了个"永"字。秀才一看，便问道："为什么三年学不会，这次三天却能学好呢？"

米芾回答："因为纸贵，我舍不得在纸上写。这三天就反复琢磨字帖，想把字帖都琢磨透了再写在纸上。"

秀才高兴地说："你已经领会写字的窍门了。"说完提笔在"永"字后面添了七个大字，连成"永志不忘，纹银五两"。随后他从怀里掏出五两银子，还给米芾便走了。

米芾领悟学习之道后，开始临摹王羲之、颜真卿、柳公权等人的书法作品，学习隶书、篆书以及钟鼎文。在长期的临摹过程中，他临摹的古人书法已能达到以假乱真的程度。

米芾练习书法时十分认真，他曾说："余写《海岱诗》，三四次写，间有一两字好，信书亦一难事。"（明范明泰《米襄阳外记》）一首诗，写了三四次，还只有一两个字自己满意，由此

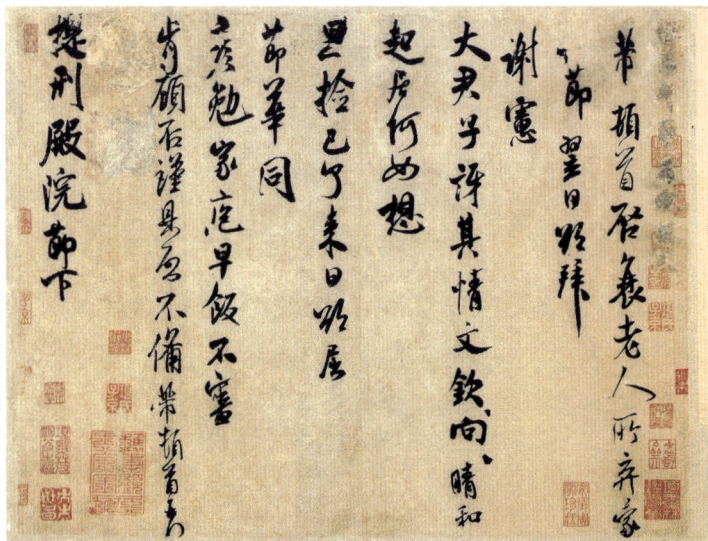

■ 米芾的书法作品——《衰老帖》

可见他创作态度的严谨。

在书法上，米芾是一个既精心钻研前人技法，又具有自己独特风格的书法家。而在绘画上，米芾又独创山水画中的"米家云山"之法，善于用"模糊"的笔墨作云雾迷漫的江南景色，用大小错落的浓墨、焦墨、横点、点簇来再现层层山峦，世人称之为"米点"。米芾的这种绘画手法被后世许多画家争相仿效。

■ 米芾不但痴迷书画，对写字作画用的砚台也极为喜爱。

米芾曾经当过小官，但他为人清高，不擅长官场里溜须拍马的那一套，这使他有了很多的时间和精力来钻研书画艺术。米芾对书画艺术的追求到了如痴如醉的境地，他在别人眼里与众不同、不入凡俗的个性和怪癖，使他获得了"米癫"的雅号。

Celebrity

成功密码

米芾少年时就刻苦自励，苦练书法，对书画艺术的追求达到了如痴如醉的境地。他既精心钻研前人的书法艺术，又有所创新，走出了一条开创性艺术道路。他性情旷达，不随流俗，潇洒不凡，因此在别人看来与众不同。正是他那不入凡俗的个性和勤奋刻苦的精神，才使他一步步走向了成功。

元代书画大家
赵孟頫

人物档案

姓　　名：**赵孟頫**

生 卒 年：**1254～1322**

籍　　贯：**湖州（今属浙江吴兴）**

身　　份：**元代书画家**

重大成就：**将文人画推向了新的高峰**

　　赵孟頫5岁时，就开始练书法，几十年间，他每天少则练几千字，多的时候要写上万个字。早年他临摹隋朝和尚智永的《千字文》和王羲之的《兰亭序》。据说，《千字文》曾被他临摹了无数遍，达到了以假乱真的地步。

Celebrity stories

据传，有一位叫田良卿的书法家，从街市上买到一卷《千字文》，拿回家后仔细察看，开始以为是唐朝人的笔法，看到最后，才知道是赵孟𫖯写的。于是，他拿了这卷《千字文》去请赵孟𫖯题字，赵孟𫖯认真看过后，笑道："这是我好几年前写的，当时学唐朝书法家褚遂良的《孟法师碑》，因此写成了这样。没想到我随便练习的字，竟被别人拿去卖钱了。"

赵孟𫖯认为，必须学习古人，然后才能创造出自己的风格，因此他广泛地搜集各种古帖，对各个书法家的字迹全部认真临摹。渐渐地，他吸收了各家的长处，将其融为一体，形成了自己独特的风格。他的书法被后人称为"赵体"或"赵字"。

赵孟𫖯二十多岁时，在母亲的鼓励下，开始向当地名儒敖继学习经史，向钱选学习画法。又经过十年的奋发努力，学问大为长进，成为"吴兴八俊"之一，声名远扬，连朝廷都知道了他的大名。

公元1286年，元世祖忽必

■ 赵孟𫖯的绘画作品——《鹊华秋色图》

烈想找一些出类拔萃的人为朝廷做事。赵孟頫和其他十多个人被推荐。

忽必烈见到赵孟頫，说："听说你的字不错，给我写副对子吧！"赵孟頫就拿笔当场写了一副有名的对联：

日月光天德，山河壮帝居。

这副对联是夸元世祖的德行像太阳和月亮那么明亮，他

■ 赵孟頫的名作——《窠木竹石图》

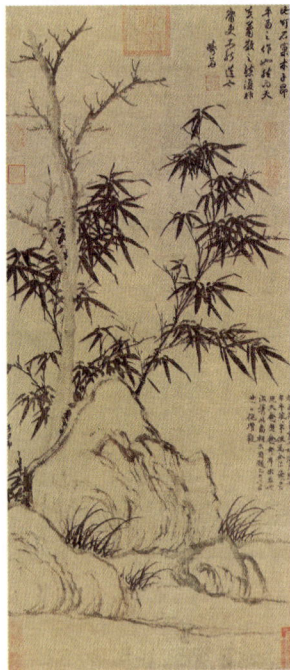

住的元大都也建造得特别壮丽，给元朝的江山增加了光彩。

忽必烈一看赵孟頫的字确实漂亮，写的话也都是捧自己的，高兴极了，就让赵孟頫在朝廷里当了官。

赵孟頫当官后，虽然繁忙的公务占去了他不少时间，可他并没因此放松自己的书画练习。相反，这一时期的赵孟頫无论是书风还是画风都渐渐成熟起来。

在绘画上，赵孟頫向唐朝及北宋的画家学习，工笔、写意、重彩、水

墨无所不能。他的绘画很注重表达思想内涵，如他所作的山水画，就含有寄趣林泉、向往自由的情感。为了使画面寄托更多的思想，他还含蓄地题诗作跋，将文人画的表现形式推向新的高峰，书卷气更为浓郁。

■ 赵孟頫的绘画作品——《幽篁戴胜图》

　　除书画外，赵孟頫还擅长诗词，精通音乐，并在篆刻艺术、鉴定古器物等方面有一定的成就。像赵孟頫这样具有多方面艺术才能和文化修养的书画家，在中国美术史上是十分罕见的。

成功密码

赵孟頫一生的成就相当丰富，在绘画、书法、篆刻、文学等领域均有造诣。他能在各个领域都取得如此伟大的成就，和他刻苦勤奋、博闻广览，善于汲取别人的长处是分不开的。同时，赵孟頫在绘画上努力追求表达思想内涵，推动了文人画的发展，开创了画坛一代新风。

牧童画家
王冕

人物档案

姓　　名：王冕

生 卒 年：1287～1359

籍　　贯：浙江诸暨

身　　份：元代画家

重大成就：擅长画梅，对后世画梅高手影响颇深

　　王冕是中国元代的著名画家、诗人。在他7岁时，父亲就去世了，日子过得十分艰难，母亲无力供他读书，不得不把他送到一个财主家放牛。

　　一个夏天的下午，王冕在湖边放牛时，忽然下起了大雨。大雨过后，乌云逐渐散去，大地上又洒满了金灿灿的阳光。湖里的荷花和荷叶上滚动着的水珠亮

晶晶的，在阳光的照耀下美丽极了。王冕
看得入了迷，心想："如果能
把这么美的荷花画下来多
好啊！"

从那天起，王冕在放牛的时候只要一有空，就拿起树枝在地上画荷花。刚开始时，他画得一点儿都不像，不是把叶子画扁了，就是把秆儿画歪了。但王冕一点也不泄气，画了擦，擦了画，这样反复画了好几个月后，慢慢能辨认出画的是荷花了。

王冕高兴极了，他偷偷地把妈妈糊窗户剩下的纸拿来，开始在纸上画起来。家里所有的纸张都被用光了，他又找邻居家的废纸画。等到王冕快找不到纸的时候，他笔下的荷花也已经活灵活现了。

时间长了，王冕会画荷花的事慢慢被大家知道了，开始有人来买他画的荷花图。王冕用卖画的钱买了一些颜料，这样画出的画更好看，买的人也更多了。慢慢地，他也可以拿些钱给妈妈补贴家用了。

王冕就这样由一个放牛的孩子，成为一个有名的大画家。

王冕虽然以画荷花成名，但他却更擅长画梅花，尤其是墨梅。

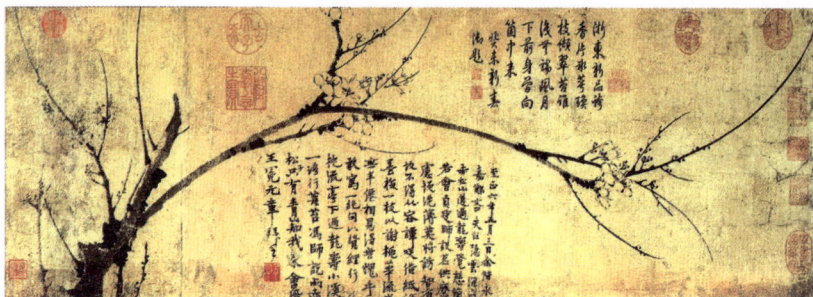

■ 王冕的绘画作品——《墨梅图》

　　画墨梅，开始于北宋时期的华光法师。华光法师之后，南宋另一位画梅高手杨补之创造出两种画梅方法：一种是以墨笔圈出梅的花瓣，即所谓的圈花法；另一种是用墨涂在绢上，烘托出梅花的白葩。

　　王冕继承了传统的画梅方法，但又有所创新。在圈花方法上，杨补之一笔三顿挫，而王冕改为一笔两顿挫，即所谓"钩圈略异杨家法"。他画出的梅花如铁线圈成，虽不着色，却能生动地表现出千朵万蕊、含笑盈枝的姿态。

　　另外，用胭脂画没骨梅花是王冕的独创，对后世影响很大。在描绘枝干的方法上，王冕注重质感的表现，用笔流畅、顿挫适宜、潇洒遒劲。

　　他在画新枝时，一笔拉几尺长，枝条断而复连，停而不滞，一气呵成，梢头露出笔的尖锋，显得灵气飞动，生机勃勃；画老干时，笔锋顿挫，能将老干的苍劲表现得淋漓尽致。

王冕一生画了众多梅花图，他在《墨梅图卷》中所画的梅花，枝干挺秀，花朵的盛开、渐开、含苞都显得清润洒脱、生机盎然，不仅表现了梅花的天然神韵，而且寄寓了画家那种高尚孤洁的思想感情。加上作者那首脍炙人口的七言题画诗——《墨梅》，诗情画意交相辉映，使这幅画成为不朽的传世名作。

■ 王冕的名作——《南枝早春图》

成功密码

王冕并不是天生就会画荷花，而是长时间不停地画，画得不好再画，一直画到像了为止。所以，他才得以从一个小牧童成长为一名大画家。成名后，王冕精益求精，勤学苦练。他在画梅花的时候，继承前人画法并大胆创新，使得笔下的梅花表现出了一种独特的风韵。

江南第一才子
唐寅

人物档案

姓　　名：唐寅

生 卒 年：1470～1523

籍　　贯：江苏吴郡（今江苏省苏州市）

身　　份：明代著名画家、诗人

重大成就：促进了山水、人物、仕女、花鸟画的全面发展

　　唐寅字伯虎，出生在一个商人的家庭。他从小聪慧过人，表现出过人的绘画天赋。他的父亲一心希望儿子能科场成名、出人头地。为了儿子日后的前程，父亲专门请人来教他读书。

　　明教宗弘治十一年（1498年），唐寅考中江南乡试第一名举人，摘取了"解元"的桂冠，并被学士程敏政赏识，一时之间声名远扬。

　　第二年，唐寅与自己的朋友、江阴巨富徐经一起进京参加会试。不

■唐寅的绘画作品——《桐荫图》

料徐经贿赂主考官程敏政的书童，偷得考题。案发后，唐寅受牵累下狱，饱受拷打。尽管当局者找不到唐寅与程敏政交通的证据，但终因曾受程敏政的赏识而被取消科考资格。

■ 唐寅的仕女画作品——《嫦娥执桂图》（局部）

　　唐寅出狱后，不愿再涉足仕途，他纵酒浇愁，游历名山大川，决心以诗文书画终其一生。明弘治十三年（1500年），唐寅离开家乡苏州，坐船到达镇江，从镇江到扬州，游览了瘦西湖、平山堂等名胜。随后，他又坐船沿长江过芜湖、九江，到庐山。庐山雄伟壮观的景象，给唐寅留下了深刻的印象。这在他以后的绘画作品中充分地反映了出来。

　　唐寅又乘船溯江而上到了黄州，观赏赤壁之战的遗址。接下来，他又南行进入湖南，登岳阳楼，游洞庭湖，再入福建，漫游武夷诸名山和仙游县九鲤湖。然后，唐寅由福建转道浙江，游雁荡山、天台山，又渡海去普陀山，再沿富春江、新安江上溯，抵达安徽，登上黄山与九华山。此时唐寅囊中羞涩，只得返回苏州。唐寅此次出游，历时九个多月，踏遍名山大川，为后来作画增添了不少素材。

返回苏州后，唐寅的家境已变得非常清贫了，于是，他住在吴趋坊巷口临街的一座小楼中，靠卖文卖画为生。

唐寅在卖画的过程中，与文徵明、沈周、周臣交往非常密切，很受启发。沈周和周臣都是当时苏州的名画家，沈周以元人画为宗，周臣则以南宋院画为师，两人师从的是明代两大画派。唐寅兼两家画派所长，在南宋风格中融入元人笔法，一时技艺突飞猛进，以至于超越了老师周臣，名声大振。

在唐寅独具风格的山水画作品中，最具代表性的作品是《山路松声图》，为唐寅47岁时的作品。除《山路松声图》外，表现唐寅画风的作品还有《春山伴侣图》《落霞孤鹜图》等。

■ 唐寅的山水画作品——《落霞孤鹜图》

唐寅创作山水画是从临摹开始的，经历了变革创新的过程后，开始自成一体。他的才情极高，学一样像一样，再加上他没有门户之见，无论是北宋中原画风还是南宋院体，以及江南画派，他都学其所长，为己所用。

另外，唐寅还学习赵孟頫及"元四家"的画法，并与同辈的文徵明切磋画艺，博采众长，最终创立了自己的风格，超过了同时代的一些吴门画家。

■ 唐寅所作的《孟蜀宫妓图》取材于五代西蜀后主孟昶的宫廷生活。

成功密码

唐寅博学多才，能诗善画，被誉为明朝中叶江南第一才子。唐寅之所以备受人们推崇，不光因为他天赋过人，还因为他卓尔不群，勇于实践，寄情于山水之间。他的作品倜傥不凡，清逸脱俗。同时，他又勇于创新，博采众长，独树一帜，最终奠定了他在中国画坛的地位。

寄情于画的僧人画家
朱耷

Zhu Da

人物档案

姓　　名：朱耷

生 卒 年：1624或1626～1705

籍　　贯：江西南昌

身　　份：明末清初画家

重大成就：开创了全新的山水花鸟画画法

朱耷又叫八大山人，是明太祖朱元璋第十六个儿子宁王朱权的后代，他的祖父朱多是一位诗人兼画家，很有名气，父亲朱谋鄞也擅长山水花鸟画，叔父朱谋也是一位画家。朱耷从小受到长辈们的艺术陶冶，加上聪明好学，8岁时就能作诗，11岁时就能画青山绿水。

1644年，明朝被清朝灭亡。朱耷那时才19岁。不久，父亲又去世了，他感到非常忧郁和悲愤，便隐姓埋名，隐居到山野里。

朱耷的一生是在流浪之中度过的。1648年，他的妻子也离开了人世，他便到奉新山耕香寺剃发

■ 朱耷的作品——《荷池双鸟图》

为僧。他在耕香寺做和尚的时候，临川知府胡亦堂听到他的名气，曾经请他到临川官舍里去住。不料住了一年多，他总是闷闷不乐，后来终于发了狂，忽而大笑，忽而又哭个一整天。

1653年，朱耷28岁时，又到洪崖寺受戒。此后他又带着母亲和弟弟住在南昌抚州门外绳金塔附近。当时此地有很多茶室酒馆，是老百姓的聚居地。朱耷生活清贫，但他非常喜欢喝酒，经常喝醉。每次喝

朱耷的作品——《枯木寒鸦图》

醉酒，他总是挥毫作画，一画就是十多幅。不管是山僧、贫士，还是屠夫来向他索画，他都有求必应，慷慨相赠。

朱耷60岁时开始使用"八大山人"的署名题诗作画。他写起名字来，含有一种深刻的意思。他往往把"八大"两字接连起来，写得像一个"哭"字，有时又像一个"笑"字，但仔细看起来不是真的"哭"字，也不是真的"笑"字。他的意思是国家亡

■ 朱耷的山水画作品——《秋山图》（局部）

了，在这种环境里生活，真是哭笑不得啊！所以也有人称他为哭笑先生。这虽然是一种没有办法的消极表示，但也可以看出朱耷的爱国之情。

由于特殊的身世和所处的时代背景，朱耷的画作不能像其他画家那样直接抒发感情，而是通过晦涩难解的题画诗和那种奇奇怪怪的变形画来表现。例如他所画的鱼和鸟，只有寥寥几笔，有的拉长身子，有的紧缩成一团；特别是那双眼睛很多时候被他画成了椭圆形，与我们生活中所看到的鱼、鸟的眼睛不同：现实中的鱼、鸟的眼睛都是圆圆的，眼珠子在中央也不会转动，而朱耷的鱼、鸟的眼珠子看上去就好像正在转动，有时还会翻白眼瞪人呢！

朱耷画的山石也不像平常画家画的那样，而是浑浑圆圆，上大下小，头重脚轻，他想搁在哪里就搁在哪里，也不管它是不是稳当，立不立得住。他画的树，老干枯枝，仅仅几个杈、几片树叶，在几万棵树里也挑不出一棵这样的树来。他画的这些山石、树木，东倒西歪，荒荒凉凉，有一种说不出的意境。

■《杂花图》用笔简练，但意境深远。

朱耷以自己独特的绘画风格，使水墨写意花鸟画的抽象性与抒情性达到了前所未有的高度，成为中国绘画史上的一座丰碑。

成功密码

朱耷不愧为我国古代画家中的巨匠，他用象征的寓意手法宣泄自己极度压抑的情感，抒发对统治者的不满和愤慨，使花鸟画的抽象性与抒情性达到了前所未有的高度，创造性地发展了大写意花鸟画法，成为花鸟画史上的一座丰碑。

擅长画竹的艺坛怪杰
郑板桥

人物档案

姓　　名：郑燮

生 卒 年：1693~1765

籍　　贯：江苏兴化

身　　份：清代画家、书法家、文学家

重大成就：将诗、书、画、印完美融合

郑板桥是清朝时的"扬州八怪"之一，出生在一个书香世家，父亲是当地一名私塾先生。郑板桥自幼聪明好学，兴趣广泛。父亲在郑板桥3岁时就开始教他识字、写字；五六岁时，开始教他背诵诗歌；6岁以后，教他读四书五经，并要求他抄写熟记；八九岁时，教他作文属对。

郑板桥读书刻苦，而且阅读范围很广。但他不是个书呆

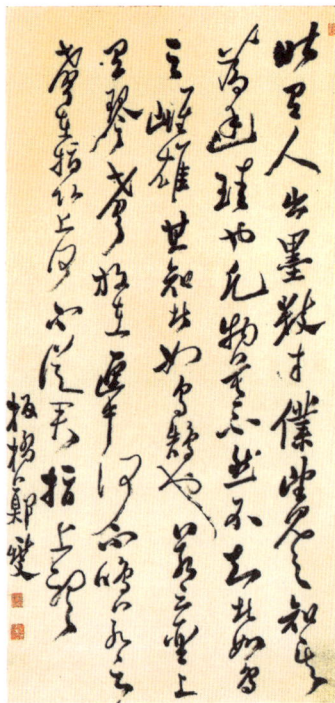

■ 郑板桥的书法作品——《咏墨诗轴》

子，并不总是坐在书斋里死读书，而是喜欢走出家门，体味大自然。

长大后，郑板桥结交了许多诗朋画友。由于郑板桥天分较高，学习勤奋刻苦，再加上名师尽心指点，他很快就在绘画、书法、作诗、填词诸方面有了名气。

■ 郑板桥在印石方面也有很大的成就。

二十多岁的时候，郑板桥已经将兰、竹、石画得十分出色了，并且随着阅历和年龄的增长，这些自然物在他的笔下越来越显得不同凡响。尤其是竹，"劲节可风，潇洒不俗"，时时引起人们的赞叹。

随着郑板桥的名气越来越大，很多人都想请他为自己画画。郑板桥有一个朋友，家里新砌了一道墙，他一直请求郑板桥为他在墙壁上画一幅画，可是郑板桥一直没有时间。

传说，有一次此人请郑板桥还有一些朋友到家里喝酒。酒喝到一半，主人当着大家的面，非要郑板桥在墙壁上画幅画不可。郑板桥见推不掉，就说："行，拿墨来吧！"

主人连忙让儿子拿来一砚墨来，郑板桥一看，说道："不行，太少了，至少要半小盆的墨。"

大家一听，那么多的墨，难道要将整壁墙都涂黑？主人虽然很疑惑，但仍赶紧让儿子端来半小盆的墨。这时郑板桥已经醉得摇摇晃晃了，他走到墙壁前，用手往盆里一蘸，就往墙上抹起来，抹了几把，他又把整个盆子端起来，将盆里的墨汁全部都泼到墙壁上，弄得黑压压一片。

主人非常不高兴，他原来只想让郑板桥在墙上画画，谁知

■ 郑板桥的绘画作品——《墨竹图》

■ 郑板桥的绘画作品——《兰竹石图》

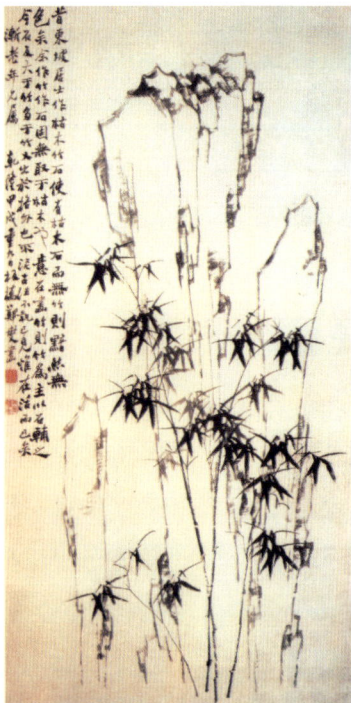

郑板桥把墙上弄得黑鸦鸦一片。这些黑色不好涂掉，主人只好将它留下，心里干生气。

几天后，下了一场大雨，天上不住地打雷、闪电，雨过天晴后，主人惊讶地发现，这道墙壁前竟然死了上百只麻雀。主人这才知道，原来墙上画的是一片竹林。平时看不出是片竹林，只有打雷下雨的时候，闪电一照，才看得出来。麻雀将它当成真的竹林，飞来避雨，所以就在墙上撞死了。

郑板桥成名后，同"扬州八怪"中的其他人一样，在各自的领域里，大胆探索，推陈出新，给清代艺坛增添了一丝生气，对后世产生了广泛而深远的影响。

成功密码

郑板桥从小学习刻苦，兴趣广泛，对书法、绘画、诗文、印石等都有所涉猎，他画画的时候，将诗、书、画、印四种形式合为一体，构图新颖，大大增强了作品的形式美。郑板桥作画强调"真性情""真意气"。他画的墨竹，挺劲孤直，具有"倔强不驯之气"，这正是他的思想和人品的外现。

木匠出身的艺术大师
齐白石

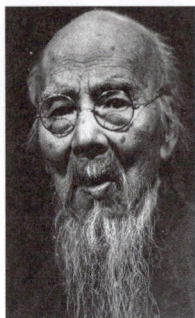

人物档案

姓　　名：齐白石

生 卒 年：1864~1957

籍　　贯：湖南湘潭

身　　份：中国近现代书画家、篆刻家

重大成就：创造了独特的绘画风格，绘画作品有《虾》
《祖国万岁》等

　　齐白石小时候家里很穷，他只读过一年书，以后就开始在家里帮忙做事。但无论多忙多累，他都忘不了学习。

　　每天上山放牛、照顾弟弟，齐白石都要带着书本。砍柴、拾粪的时候，他先把书本挂在牛角上，干完活之后再读书。除读书外，齐白石还坚持每天写字画画。他暗下决心，要做一个王冕那样的画家。在这样的环境中，齐白石养成了勤奋刻苦的习惯，虽然艰苦，但也很快乐、充实。

　　一天傍晚，干了一天活儿的齐白石坐在池塘边洗脚，突然觉得一阵钻

心的疼痛。他急忙把脚从水里拿出来一看，原来是只草虾把他的脚趾钳出了血。这引起了齐白石对草虾的极大兴趣。通过对草虾的认真观察，他画出了生平第一只虾，画得栩栩如生。从此，凡是他看见过的东西，如牛马猪羊、鸡鸭鱼虾、蟹蛙蝶雀，他都要把它们画出来。

15岁时，齐白石拜了一位擅长雕刻的木匠为师，学习雕花手艺。由于齐白石善于观察自然界的事物，在雕花时又极富创意，因此，他制作的精致嫁床、花轿、香案等很受人们的欢迎。后来，齐白石在一个乡民家中做雕花活儿时，偶然见到一部残缺不全的《芥子园画谱》。他如获至宝，急忙将书借来，把它当做自己学画的教材，把画谱全部描摹了一遍。经过一番刻苦的研习，齐白石的

齐白石和他的家人。

绘画技艺有了显著提高。

在这之后，齐白石又向家乡的民间画师学画人物画像。19世纪末摄影尚未普及，乡村对画像的需求很大，有钱人在生前和死后都要"描容"，作为纪念。齐白石将从民间画师处学到的技法，结合自己琢磨出来的一些手法，给人画像，大受欢迎。从此，他告别了斧凿，开始了民间画师的生涯。

齐白石从第一天学画开始，就坚持每天画画，从未让画笔闲置过。在他85岁那年的一天，风雨大作，风雨声搅得他心烦意乱，提不起一点儿精神来。齐白石只好放下画笔，放弃完成当天的画作。第二天一早，齐白石从睡梦中醒来，看到窗外阳光明媚，顿时兴致勃勃。于是，他赶紧来到书房，挥毫泼墨，一连画了四幅画，竟然一点儿也没有觉得累。这时已是中午，本来该吃饭了，但齐白石想到昨天因风雨而耽误的"工作"，于是提起画笔，又把昨天漏掉的补上。

齐白石就是这样几十年如一日不停地作画，最终成为一位举世闻名的艺术大师。他的画，无论山水、花卉或虫草，都能给人以明朗、清新、简练、生气勃勃之感，并且具有鲜明的民族特色，达到了形神兼备、情景交融的境界，将水墨艺术发挥到了极致。

成功密码

齐白石是木匠出身，却终成一代艺术大师，这与他的刻苦勤奋和对艺术的孜孜追求密不可分。齐白石家境贫寒，仅读过一年书，但这并不妨碍他发挥自己的聪明才智，做出令人瞩目的成绩。他一生勤奋创作，到80多岁高龄仍每天坚持作画，给祖国和人民留下了丰富的精神遗产。

中国现代美术的奠基人
徐悲鸿

Xu Beihong

人物档案

姓　　名：徐悲鸿

生 卒 年：1895～1953

籍　　贯：江苏宜兴

身　　份：近代画家、美术教育家

重大成就：中国现代美术的奠基人

徐悲鸿出生在一个穷苦人家庭，他的父亲是位半耕半读的私塾老师，同时也是位乡间画师。徐悲鸿6岁开始跟父亲读书，7岁时因为常常看见父亲画画，对画画产生了兴趣，就开始学画。

徐悲鸿在10岁的时候就能帮他的父亲在画上添染颜色。17岁那年，因为生活贫困，他辍学到一家中学里教图画来补贴家用。19岁那年，他的父亲逝去，家里负债很多，他只得在县里三家学校教课来解决全家的生活。

沉重的家庭负担压不住他上进的决心，为了学美术，他来到了上海，一边谋生，一边学习。1916年，徐悲鸿考入法国天主教主办的震旦大学，攻读法文。1919年3月，徐悲鸿到法国留学。当时的中国，军阀混战，贫穷落后，在外国的中国学生常常受到一些人的歧视。

一次，许多留学生在一起聚会。一个法国学生恶毒地说："中国人又蠢又笨，只配当亡国奴，就是把他们送到天堂去深造，也成不了大器！"

坐在一旁的徐悲鸿被激怒了，他走到这个法国学生面前，大声地说："先生，你不是说中国人不行吗？那好，我代表我的祖国，你代表你的国家，我们等学习结业时比一比，看看到底谁

是人才，谁是蠢材。"

从此，徐悲鸿学习更勤奋了，他到巴黎各大博物馆去临摹世界名画的时候，经常是只带着一块面包和一壶水，一去就是一整天，不闭馆不出来。法国画家达仰非常喜欢徐悲鸿，他从这个中国青年身上看到了中国人民的坚强毅力。他主动邀请徐悲鸿到家中做客，在他的画室里作画，并亲自对徐悲鸿进行指导。

有志者，事竟成。徐悲鸿进入巴黎高等美术学校后，在几次竞赛和考试中都获得了第一名。1924年，他的画作在巴黎展出时，轰动了巴黎美术界。这时，那个在大家面前大骂中国人无能的法国学生，不得不承认自己不是中国人的对手。

徐悲鸿学成回国后，将西方绘画精湛的写实技巧融入中国绘画，从而为传统艺术的革新开拓了广阔的道路。他始终坚持现实主义艺术道路，创作了《田横五百士》《九方皋》《巴人汲水》《愚公移山》等一系列对现代中国画、油画的发展有着巨大影响的优秀作品，在中国美术史上起到了承前启后的巨大作用，被国际美术评论界称为"中国近代绘画之父"。

■ 徐悲鸿擅长画马，他画的马既有西方绘画中的造型，又有中国传统绘画中的写意。

成功密码

徐悲鸿是我国杰出的画家和美术教育家、现代美术的奠基人。分析他的成才之路，我们不难发现，他童年时就执著于书画艺术，刻苦自励，勤奋作画。正是这份勤奋，使他在不到30岁的时候就在世界上享有盛誉。同时，他还献身于美术教育事业，为中国培养了一批美术家。

Zhang Daqian

勇于创新的国画大师
张大千

人物档案

姓　　名: 张大千

生 卒 年: 1899～1983

籍　　贯: 四川省内江县

身　　份: 近代画家

重大成就: 创造了"泼彩画法"

　　张大千在家中排行第八,从小就聪颖过人。她母亲是当地有名的女画家,二哥擅长画虎,自称"虎痴"。受母亲和二哥的影响,张大千从小就开始学习绘画。

　　19岁那年,张大千去日本学习印染和绘画。他在课余四处拜师求教,不断钻研绘画艺术,打下了扎实的绘画基础。

　　回国后,张大千在母亲和兄长的命令下结了婚。完婚之后,张大千决心继续学画,便来到上海,学习书法和绘画。张大千在上海学画时,二哥和别人创办了

■ 内江张大千故居。

一个艺术团体——"秋英会"。"秋英会"的成员经常在一起赏菊吃蟹，画画题诗。张大千第一次参加时，既绘画，又咏诗、题字，使得大家对他刮目相看。

张大千很喜欢临摹古人的画，他基本功扎实，模仿能力很强，临摹出来的画外人丝毫看不出真假。

有一次，画家兼收藏家陈半丁声称收集到一本石涛画册，把它当做绝妙精品，为此特地宴邀艺林名家到家里鉴赏。张大千听说了，虽然没有被邀请，却也想一睹石涛画册，便不请自到了。

陈半丁拿出宝贝画册，扬扬自得地正想展示，张大千突然说："是这个册子啊！不用看了，我知道。"陈半丁反问："你知道什么呀？"张大千立即大声说出第一页画的是什么，第二页是什么，包括题款、用印，都说了一遍。陈半丁一一核对，丝毫不差，不禁又惊又气。有人以为，这本石涛画册曾到过张大千手里，不料，张大千竟说：

"这本画册是我画的！"顿时，一片哗然！从此以后，张大千更加出名了。

张大千一生画过各种题材的画：人物、山水、花鸟、虫鱼、走兽，但他从不画虎。其实，张大千也能画虎，但他很少画。

一次，他酒后画的一幅虎图流落出去，不少商人登门出高价请他画虎。张大千后悔不迭，因为二哥以画虎享有盛誉，他原是为了二哥一直避讳画虎的。张大千不能原谅自己，他本来是很爱饮酒的，这次他发了誓：从今以后誓不饮酒，也誓不画虎。果然，张大千从此跟饮酒和画虎绝了缘。

张大千为绘画艺术奉献了一生，他的艺术生涯可分为三个时期：古典作风期、

■张大千临摹石涛的画惟妙惟肖。

转变期和高峰期。60岁前，张大千集精力于临摹；60岁到70岁之间，张大千历经十年探索，融泼彩于泼墨、勾皴法，创造了雄奇壮丽的画风。以70岁时所作的《长江万里图》为标志，此后他便迈入了创作的高峰期，泼彩成为最富个性的画法。张大

■ 张大千曾到敦煌莫高窟，把里面的画临摹了个遍。

千的这一变化不仅把他的绘画艺术从古典引向了现代，也把他推入了中国画革新大家的行列。

成功密码

张大千是蜚声中外的中国画大师。与其他成功的画家一样，用功也是张大千成才的重要途径之一。他的刻苦勤奋与绘画天赋，使他26岁时就声名远扬。更难得的是，他在深得古人精髓的基础上，又能大胆创新，自创"泼彩画法"。经过不断探索与实践，他最终使自己成为举世公认的艺术大师。

文艺复兴三杰之首
达·芬奇

Da Vinci

人物档案

姓　　名：列奥纳多·达·芬奇

生　卒　年：1452～1519

国　　籍：意大利

身　　份：艺术家

重大成就：文艺复兴领跑者之一

　　达·芬奇是文艺复兴时期意大利的伟大画家，他创作的《最后的晚餐》《蒙娜丽莎》等是艺术宝库中极为璀璨的瑰宝。达·芬奇之所以能在绘画上取得这样的成就，和他自幼刻苦练习是分不开的。

　　达·芬奇在很小的时候就显露出了绘画的天赋。一次，他画了一个可怕的妖怪。画完后，小达·芬奇请父亲来到他的房间。他把窗子遮去一半，将画架竖在光线恰好落在妖怪身上的地方。父亲走进房间时，一眼就看到了这

个面目狞狞的怪物，吓得大叫起来。

从这幅画上，父亲看到了儿子的绘画天赋。于是，他把达·芬奇带到当时的名城佛罗伦萨，让达·芬奇跟著名的艺术家韦罗基奥学画画。

第一堂课开始了，韦罗基奥拿着一个鸡蛋对达·芬奇说："孩子，你今天就从画这个鸡蛋开始吧！"

第一天就在不断地画鸡蛋中过去了。第二天，达·芬奇带着期待的心情希望能够有点儿新的内容。可是没有想到，老师还是拿着一个鸡蛋走到他身边，二话没说就让他画这个鸡蛋。第三天、第四天他还是在不断地画鸡蛋。这样过了好多天，

■ 达·芬奇著名的绘画作品——《最后的晚餐》

画了不知多少个鸡蛋，达·芬奇再也忍耐不下去了。

一天早上，老师刚走过来，达·芬奇就站起来问道："老师，你一直让我画鸡蛋，什么时候才算画完呢？"

老师看出了达·芬奇不耐烦的心情，便耐心地对他说："你不要认为画鸡蛋很简单、很容易，要知道，在一千个鸡蛋当中，从来没有两个鸡蛋的形状是完全相同的；即使是同一个鸡蛋，只要变换一个角度来看它，也会呈现出各种不同的形态。我让你练习画蛋，就是为了训练你观察物体形象的能力，让你能够更加得心应手地表现事物啊！"

达·芬奇听了老师这一番话，明白了老师的良苦用心，也懂得了练习基本功的重要性。

在画室学艺期间，达·芬奇的艺术水平有了很大的提高。

1477年，达·芬奇结束了学徒生涯，开设了个人画室。在此后的绘画生涯中，达·芬奇陆续创作出了《最后的

■ 《蒙娜丽莎》是达·芬奇最著名的绘画作品。

晚餐》《蒙娜丽莎》等不朽的画作。在绘画中，他首创明暗转移法，即在形象上由明到暗的过渡是连续的，像烟雾一般，没有截然的分界。《蒙娜丽莎》是这种画法的典范之作。

成功密码

达·芬奇小时候爱好广泛，尤其对绘画产生了浓厚的兴趣，并显露出了超人的天赋。他随名师学画期间，培养了对事物观察入微的细致与耐心，从而能够通过对事物不同角度的观察，绘出其不同的形态。他在进行绘画创作时，不拘泥于传统画法，在创作上不断创新，给世人留下了许多经典画作。

文艺复兴时期的雕塑大师
米开朗琪罗

Michelangelo

人物档案

姓　　名：米开朗琪罗·博那罗蒂

生 卒 年：1475～1564

国　　籍：意大利

身　　份：艺术家

重大成就：文艺复兴时期的巨匠之一

米开朗琪罗是文艺复兴时代的大雕塑家、画家和建筑家。

1475年3月6日，米开朗琪罗出生在离佛罗伦萨不远的卡普莱斯。他在一个全是男人的家庭中长大。他有四个兄弟，没有姐妹，母亲在他6岁时去世。父亲希望五个儿子能够经商，或者当银行家。当他发现小儿子执意想当艺术家时，分外恼火，开始用皮鞭"开导"他。然而皮鞭并没有打消米开朗琪罗想当艺术家的决心，父亲万般无奈之下只好让他去跟佛罗伦萨的一位画家——格兰达约学艺。

那时，格兰达约正在圣母院

内作壁画。他叫学徒们研磨颜料，用布临摹他精制的草图。米开朗琪罗的临摹超过了原作，引起了格兰达约的嫉妒。不久，格兰达约就让米开朗琪罗到伯特尔多那里去学画。伯特尔多是有名的雕塑家和画家，他在为佛罗伦萨的统治者罗伦佐效劳的同时，还给一群青年人讲授雕塑技法。伯特尔多在培养米开朗琪罗的艺术才干方面起了重要作用，他帮助米开朗琪罗了解古代艺术，研究

■米开朗琪罗的雕塑作品——《基督下十字架》

意大利雕塑大师的作品。米开朗琪罗的艺术生涯由此开始了。

　　一天，米开朗琪罗在花园中凿一个老人的头像，统治者罗伦佐碰巧经过，当他走到米开朗琪罗身边时，停下了脚步。他看了一眼雕像，对年轻的雕塑家说："我的孩子，你难道不知道，老人总是掉牙缺齿的吗？"米开朗琪罗一看是罗伦佐在跟他说话，激动万分，他拿起工具，敲掉雕像的一颗牙齿，然后转身面对罗伦佐："这样行了吧？""对，"罗伦佐哈哈大笑，"好得多啦！"

Celebrity stories

　　米开朗琪罗对自己的创作总是这样一丝不苟，容不得半点瑕疵。渐渐地，他的雕塑作品越来越好，名气也越来越大。后来，罗马教廷请他为著名的西斯廷教堂天顶作壁画。平时米开朗琪罗工作的时候，不让任何人看到自己的工作过程。但到了最后的时候，他带了一个助手。助手看到米开朗琪罗吊在高高的天顶上，一动不动地琢磨着那些在地面上根本无法看到的细小部分，就问道："老师！那种地方没有人会看到的，何必画得那么仔细呢？"米开朗琪罗头也不回地回答道："不是有

我在看吗……"

米开朗琪罗一生创作了无数作品，《大卫》是他的代表作品之一。大卫体态壮伟，显示出移山倒海的力量和坚如钢铁的意志，被认为是象征着为正义事业而奋斗的力量，堪称雕塑史上最杰出的作品。

米开朗琪罗是一位多才多艺的艺术大师，集雕刻家、画家、建筑家、诗人于一身。在长达70余年的创作生涯中，他历经坎坷，创作了许多天才作品，为人类文明增添了不朽的篇章。

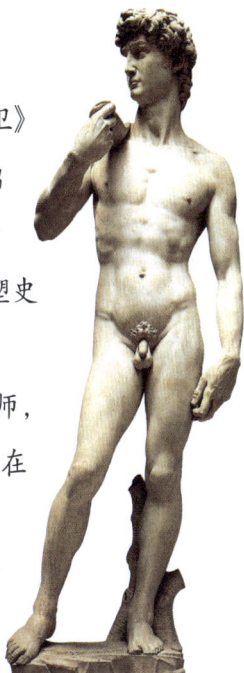

■ 《大卫》

成功密码

米开朗琪罗的成才之路充满艰辛。他从小就对雕塑产生了兴趣，立志成为一名艺术家，父亲的极力阻挠也没能改变他的这一信念。成名之后，他在艺术创作上仍然不断努力，他用手中的画笔和刻刀，创作出了许多不朽的作品，成为一位伟大的艺术家。

让圣母留在人间的画圣
拉斐尔

人物档案

姓　　名：拉斐尔·桑蒂
生 卒 年：1483～1520
国　　籍：意大利
身　　份：画家
重大成就：文艺复兴艺坛三杰之一

　　拉斐尔的父亲是宫廷画师，所以他从小就随父学画。少年拉斐尔已显露出绘画方面的才华，成为父亲的得力助手。父亲去世后，拉斐尔就到一个画家的画室里学习。他勤奋地探索绘画的奥秘，能敏感地捕捉住美和艺术的真谛。

　　16岁时，拉斐尔离开家乡乌尔比诺，来到意大利安布利亚地区的裴路基亚城，跟随佩鲁基诺学习绘画。

　　经过几年的绘画学习后，有一天，佩鲁基诺对拉斐尔说："我不想让这个小地方拖住你，你要到大师云集的佛罗伦萨去，你可以独立工作了。"这年拉斐尔才19岁，他从老师那里学到了色彩感觉与透视原理，绘画技巧相当成熟，才能已经超过老师。

　　1504年底，拉斐尔来到了艺术名城佛罗伦萨。在佩鲁基诺的推荐和引导下，拉斐尔很快跨进了佛罗伦萨的艺术世界。在画家群里，拉斐尔急切地汲取着大师们作品中的精华，以一个学生的姿态向达·芬奇和米开朗琪罗请教。他充分利用佛罗伦萨能提供给他的一切。他研究解剖学，观察大自然和新社会中的人际关系，他对生活，对人，尤其对女性和母亲更加充满感情和爱。他要把佛罗伦萨的全部艺术精华变成自己的营养。

■《披纱女郎》表现出拉斐尔理想中的女性美。

在佛罗伦萨，拉斐尔创作出了一系列作品，如《大公爵的圣母》《圣乔治屠龙》《玛利亚订婚》等，受到了广泛好评。渐渐地，他的名声传开了，甚至传到了教皇耳中。

当时，教皇朱理二世为了赞颂自己，准备把最优秀的画家、雕刻家、

■《西斯廷圣母》是拉斐尔所描绘的圣母像中最著名的作品。

建筑家都请到罗马来为他服务。

这个时候，米开朗琪罗正在为他画西斯廷教堂天顶画。刚满25岁的拉斐尔，在佛罗伦萨接到罗马送来的旨意：教皇想尽快见到拉斐尔，以便他在罗马与意大利最优秀的艺术家一起，为美化罗马而工作。不久，除了拉斐尔和米开朗琪罗外，其余为教皇工作的画家全被辞退了。教皇认为罗马只要有这两位大师就足够了。

这件事成为拉斐尔事业的一大转机。他当时25岁，虽然已经独立，但之前从没有机会展现自己卓越的才能。拉斐尔

■ 拉斐尔的著名作品——《雅典学院》

十分重视这份工作，全身心地投入了进去，最终，他出色地完成了任务。这次机会使他后来除了为教皇工作外，也接到其他赞助人的委托，并陆续完成一件件重要的作品，如《阿尔巴尔圣母》《披纱女郎》《西斯廷圣母》《雅典学院》等。其中《西斯廷圣母》是拉斐尔所描绘的圣母像中最著名的作品。

■ 拉斐尔作品——《美丽的女园丁》

　　拉斐尔虽然只活到37岁就去世了，但他却取得了巨大的艺术成就。他与达·芬奇、米开朗琪罗一起，被称为文艺复兴时期的艺坛三杰。

成功密码

拉斐尔受担任宫廷画师的父亲的启迪和影响，从小便受到了绘画方面的启蒙教育，这使得他的成才之路有了一个良好的开端。在向名师学习绘画期间，他勤奋探索绘画的奥秘，不久才能便超越了老师。他不满足于已取得的成就，前往当时大师云集的佛罗伦萨，继续深入研究绘画技能，最终功成名就。

西方音乐之父
巴赫

Bach

人物档案

姓　　名：约翰·塞巴斯蒂安·巴赫
生 卒 年：1685～1750
国　　籍：德国
身　　份：音乐家
重大成就：创作了两百多首音乐作品

　　巴赫是18世纪德国的一名伟大的作曲家。早在出生之前，他的家族在音乐界就已赫赫有名：祖父的兄弟中有两位是杰出的作曲家，父亲是一位优秀的小提琴手，叔伯兄弟姐妹中有几位是颇受尊敬的音乐家。

　　巴赫虽然出生在音乐世家，可是他的音乐之路却走得非常艰难。他在10岁时，父母就相继去世了，只好跟着在附近小镇里当管风琴师的哥哥生活、学习音乐。那时，印刷成册的乐谱很少，即使有也非常贵，一般人是买不起的。那些买不起乐谱的音乐家只好自己用手抄写

■ 巴赫的家族是一个音乐世家。

乐谱。

一次，巴赫发现哥哥有一本很好的乐谱，其中包括当时所有著名作曲家的音乐作品。由于是一个音符一个音符辛辛苦苦手抄的，因此哥哥非常珍视它。

巴赫一直渴望能够学习其中的音乐，就想向哥哥借来练习。但哥哥说他太小，还欣赏不了，因此没有给他看。巴赫知道，平时不用的时候，哥哥就把乐谱锁在一个书柜里。

由于太想学习音乐，巴赫没办法，只好想到了"偷"乐谱。在每一个有月亮的夜里，巴赫就踮着脚尖悄悄走近书柜，设法把那本乐谱从书柜里小心翼翼地拿出来，然后伏在一块石头上，借着暗淡的月光把它们抄写下来。这本并不是特别厚的乐谱，巴赫却抄得很苦，眼睛累坏了，手也磨出了泡，六个月以后，乐谱才最终抄完。

■ 巴赫纪念像。

JOHANN SEBASTIAN

　　一天，哥哥白天上班中途回来，听见家中有人在弹奏他乐谱上的乐曲，感到十分奇怪。他走进家中一看，见小巴赫正照着一本乐谱在他的管风琴上弹奏，就问小巴赫乐谱是哪里来的。小巴赫告诉哥哥，乐谱是他在夜晚月光下抄写的。哥哥一怒之下，一把抓过小巴赫的乐谱，把它撕得粉碎。小巴赫为此伤心地大哭了一场。

　　但这件事并没有打消巴赫对音乐的喜爱，反而更坚定了他学习音乐的决心。此后，他学习了所有能找到的优秀音乐，欣赏了德国所有优秀音乐家的演奏，还经常到汉堡去听歌剧和

著名风琴师的演奏。通过对大量优秀音乐家作品的观摩和学习，巴赫在音乐创作上有了很大的提高。

■ 巴赫和他的三个儿子。

巴赫一生共创作了两百多首作品，这些音乐作品集文艺复兴音乐发展之大成，承前启后，对近代西洋音乐产生了深远的影响，他由此被尊称为"西方音乐之父"和"不可逾越的大师"。

成功密码

巴赫出生于著名的音乐世家，这样的环境，使他从小在音乐上受到了良好的启蒙教育。家道中落后，艰苦的生活没有磨灭巴赫对音乐的酷爱和渴望，反而磨炼了他坚忍不拔的意志，他更加努力地在音乐创作上进行着自己的探索和学习，最终以自己辉煌的音乐创作而被誉为"西方音乐之父"。

交响乐之父 海顿

Haydn

人物档案

姓　　名：弗朗茨·约瑟夫·海顿

生 卒 年：1732～1809

国　　籍：奥地利

身　　份：音乐家

重大成就：创作了一百多部交响曲

　　海顿的父亲是一名酷爱音乐的车轮制造工匠，母亲是一名厨工。海顿家境非常贫困，但由于父亲非常喜欢音乐，家中几乎每晚都举行"家庭音乐会"。在简陋的乐器的伴奏下，一家人载歌载舞，充盈着欢愉的气氛。

　　在这样的环境熏陶之下，海顿不但表现出对音乐的浓厚兴趣，也使他过人的音乐天赋展露无遗。

　　海顿有漂亮的童声高音，不但能模仿唱出他所听到的每首歌曲，而且可以在自制的小提琴上拉出这些旋律。

　　海顿家的一个远亲法朗

■ 海顿纪念像。

克发现了海顿在音乐上的天赋，便说服海顿的父母，让海顿进入学校学习基本的音乐知识及管乐器、弦乐器的演奏。学校对学生的要求十分严格，也正是通过这段时期艰苦的学习，才为海顿日后走上音乐之路打下了初步的基础。

1740年，海顿8岁那年，维也纳圣斯蒂芬大教堂征选儿童唱诗班成员。由于海顿天生拥有一副好嗓音，所以顺利地被唱诗班选中。在这里，他如鱼得水，刻苦地学习音乐理论与钢琴。可是随着年龄的增长，从16岁起，他甜美的歌喉开始不幸地逐渐沙哑。

■ 海顿的音乐清澈优美，令人有如沐春风之感。

1749年的一天，奥地利女皇在欣赏圣斯蒂芬教堂唱诗班的优美合唱时，突然从合唱队里传出一声很不协调的怪音，女皇当场就挖苦道："这个孩子的声音听起来就像乌鸦叫！"从此，海顿结束了他的唱诗班生涯，被迫流落街头，靠拉琴卖艺谋生。

此后的十多年是海顿的艰苦岁月。他当过仆人，给人看

门、送信、擦皮鞋，干过家庭教师，写过歌剧，做过大提琴手。但生活再艰苦，他也没有放弃对音乐的追求，一直在坚持创作。渐渐地，他在音乐界有了一定的名声。

　　1760年，海顿接受匈牙利埃斯台哈奇亲王的聘请，担任副乐长之职，称心如意地指挥着一个有着很大规模的乐队和合唱队。1766年，正乐长维纳逝世时，亲王发现他在日记里夸誉海顿是"国家的至宝"，于是海顿被提升为乐队的正乐长。海顿在这个乐队连续工作了30年，把全部精力和才华献给了交响乐的发展。

■ 交响乐团的演出。

海顿能成为一位受人尊敬的音乐家，原因是他非常重视当时流行的各种音乐风格，然后通过不断的研究，创作出属于自己独特风格的曲式，尤其是交响曲。

海顿创作交响曲时，用简单的乐句组成一连串的旋律，使音乐的节奏非常明晰，

■ 海顿弹钢琴肖像。

轮廓也很清楚。他这种独特的交响曲形式，奠定了近代交响曲的基础。他一生共创作了一百多部交响曲，其中较著名的交响曲有《告别》《时钟》《狩猎》《惊愕》《军队》《伦敦》《牛顿》等，所以他被称做"交响乐之父"。

成功密码

海顿从小受到音乐的熏陶，对音乐产生了浓厚的兴趣。他在被赶出唱诗班后，困境中仍然刻苦学习和研究音乐。正是基于这样的努力，他才有机会进入更广阔的音乐殿堂。海顿一生都在孜孜不倦地追求艺术的高峰，为后人留下了上百首交响曲。最终，他由一个穷苦少年成长为享誉世界的作曲家。

伟大的音乐天才
莫扎特

Mozart

人物档案

姓　　名：沃尔夫冈·阿马多伊斯·莫扎特

生 卒 年：1756～1791

国　　籍：奥地利

身　　份：音乐家

重大成就：创作了大量交响曲、歌剧，以及其他音乐作品

　　莫扎特出生于奥地利的一个宫廷乐师之家。他的父亲列奥波尔德是一位颇受人们尊敬的小提琴家、作曲家。

　　小时候，莫扎特对什么都特别有兴趣，而且过目不忘，表现出强烈的乐感和悟性。每当父亲教姐姐兰涅尔弹琴的时候，小莫扎特总是站在一旁，竖起耳朵听得入神。

　　一天，父亲听兰涅尔弹完练习曲后，回到房间休息，兰涅尔则跑到外面玩耍去了。小莫扎特凑到钢琴前用小手敲击着琴键。叮叮咚咚的琴声惊醒了父亲。

　　"莫扎特，怎么，这是你在弹琴吗？"父亲吃惊地问道。莫扎

特没有回答，他继续弹下去。父亲听着听着，简直不敢相信自己的耳朵：不足 4 岁的莫扎特竟能完整地弹出姐姐的练习曲。自那天以后，父亲传授技艺的对象不是一个，而是两个了。

莫扎特的父亲不断地教给孩子们一些高难度的曲谱，让他们练习弹奏。在莫扎特刚满 5 岁的时候，他已经不再满足于弹奏父亲给他指定的练习曲，而是用更多的时间即兴弹奏。没过多久，他就能亲手把自己的即兴曲记录下来了。

由于儿子在音乐方面极具天赋，为了让孩子开阔眼界，莫扎特的父亲便带着莫扎特和兰涅尔周游德、奥、法、英、意等国家，开始了长达十年的旅行演出活动。无论到哪里他们都受到了热烈的欢迎，尤其是莫扎特的表演常常让听众听得入迷。

■ 莫扎特纪念像。

莫扎特8岁时在英国演奏，遇到了音乐大师巴赫。巴赫非常喜欢这位小音乐天才，于是亲自指导他演奏和作曲。这一年，莫扎特写出了三首交响乐和几首奏鸣曲。12岁时，莫扎特就为维也纳歌剧院创作了歌剧《假傻姑娘》；14岁时，他为意大利米兰歌剧院创作了歌剧，并亲自指挥演出，连演二十场，场场爆满。

　　莫扎特在欧洲巡演时，发生了一件趣事：一次，莫扎特在罗马教皇的音乐厅听到《圣经》里的一首圣歌《主啊，怜悯我

们吧》，这是一首非常珍贵的乐谱，从不外传。但是，莫扎特听了一遍之后，便能把这首曲子演奏下来。从此，这首"绝密的圣歌"再也没有什么神秘性了。教皇知道此事后，被莫扎特的才华所折服，不但没有责怪他，还赐给他一枚"金距轮"奖章。

莫扎特临死前还在创作。

令人惋惜的是，音乐天才莫扎特在35岁时就去世了，但是他在音乐方面为人类做出了巨大贡献，在世界文化史上立下了永久的丰碑。

成功密码

人们一直把莫扎特看做是无师自通、不学而成的天才，但莫扎特曾说："人们以为我的成就得来全不费工夫。实际上，没有人会像我一样花这么多时间来思考和从事作曲，没有一位名家的作品我不是辛勤地研究了许多次。"可见，过人的天赋以及超乎常人的刻苦与勤奋，最终成就了莫扎特。

不向命运屈服的音乐家
贝多芬

人物档案

姓　　名：路德维希·凡·贝多芬
生 卒 年：1770~1827
国　　籍：德国
身　　份：音乐家
重大成就：创作了大量优美而又影响深远的音乐作品

贝多芬出生在德国波恩，他的祖父和父亲都曾在宫廷乐队任职。由于生活在音乐世家，贝多芬有了更多的机会接受音乐的熏陶。父亲希望贝多芬成为莫扎特那样的音乐神童，从4岁起就强迫他练琴。

上学之后，弹钢琴和拉小提琴一直是贝多芬每天放学后额外的必修课。为了培养儿子，父亲在贝多芬四年级时便让他退了学，潜心在家学琴。父亲尽自己最大的努力，把自己所知道的全部音乐知识灌输给了贝多芬，使他从小打下了坚实的音乐基础。

　　贝多芬8岁时，父亲便带着他到科隆、鹿特丹进行了多次巡回表演，这给了贝多芬一个崭露头角的机会。之后，小贝多芬跟随数位宫廷音乐大师学习。大师们的悉心培养加上贝多芬的勤奋和天赋，使他的音乐才能快速地提高。

　　贝多芬从小就仰慕着音乐大师莫扎特，希望有朝一日能向他求教。1787年，贝多芬造访维也纳，见到了莫扎特。贝多芬怀着惶恐的心情在莫扎特面前弹奏起来，而莫扎特则懒洋洋地坐在沙发上，眼睛望着别处，似乎没有在听。

　　贝多芬弹完一曲时已经紧张得满头是汗，他激动地等待着莫扎特的评价。莫扎特认为贝多芬只是演奏了一首适合当前

■ 贝多芬的才华得到了莫扎特的赏识。

场合的乐曲，出于礼貌，他仅是平淡地称赞了贝多芬几句。

年轻气盛的贝多芬有些不服气，他坚持要莫扎特给他出一个主题，让他即兴演奏。莫扎特勉强同意了。但随着旋律的飘起，莫扎特内心惊叹不已，他马上走到隔壁房间门口对着一群正在聚会的朋友大声说道："请注意这个年轻人，有一天全世界都会听到他的声音！"莫扎特说的没错，渐渐地，贝多芬凭借自己的努力，成了一名优秀的钢琴演奏家和作曲家。

然而当贝多芬在艺术创作上正走向光辉顶点的时候，却遭到了命运的捉弄——患了当时无法治愈的神经性耳聋症。作为一位音乐家，如果失去了听觉，那简直比被判处死刑还要残酷。贝多芬一度感到绝望，甚至打算自杀。但是，为音乐、为艺术献身的信念又赋予了他活下去的勇气。在与外界声音隔绝之后，他开始用"心"来作曲。在他完全失聪的岁月里，他仍然创作出了一系列不朽的名作。

1827年3月26日，贝多芬因病与世长辞。他为人类留下

■ 年岁已高的贝多芬仍在坚持创作。

了一笔永恒的财富，对世界音乐的发展产生了巨大的影响，被尊称为"乐圣"。

成功密码

贝多芬之所以取得如此高的成就，关键在于他有着卓越的音乐天赋、坚强的意志、不屈不挠的毅力，以及热情奔放的性格和崇高的理想。在病痛的打击下，他以超人的毅力继续对音乐进行探索和追求，最终为人类创造了一笔永恒的财富。

歌曲之王
舒伯特

Schubert

人物档案

姓　　名：弗朗茨·舒伯特
生 卒 年：1797~1828
国　　籍：奥地利
身　　份：作曲家
重大成就：创作了六百多首歌曲和大量音乐作品

舒伯特出生于维也纳附近的里克登塔，他的父亲是当地一所学校的校长。舒伯特从小就喜爱音乐，父亲便指导他学习钢琴和小提琴。11岁时，舒伯特被一个教堂的唱诗班录取，并住进神学院，成为这所学校乐队的小提琴手，同时还担任指挥，这使他有机会接触一些著名作曲家的名作。1813年，他创作了《第一交响曲》，此后，他便开始了音乐创作生涯。

■ 舒伯特纪念像

舒伯特一生创作了六百多首歌曲，比较有代表性的歌曲有《魔王》《野玫瑰》《圣母颂》《菩提树》《鳟鱼》《小夜

曲》《摇篮曲》等。其中，《摇篮曲》是我们最为熟悉的。从它被谱写出来那天起，直到今天还被世界各国的母亲们和歌唱家们传唱着。据说舒伯特创作这首动人的歌曲时，还有这样一段故事：

舒伯特生活很贫苦。有一天晚上，他没有吃饭，饿着肚子在街上徘徊，希望能碰见一个熟人，好借点儿钱充饥。但他好久都没有碰到熟人。走着走着，他来到一家豪华的酒店门前，就走了进去，在一张桌子前坐下。桌子上有一张旧报纸，舒伯特随手拿起来翻看，注意到了一首小诗："睡吧，睡吧，

我亲爱的宝贝，妈妈双手轻轻摇着你……"

这首朴素、动人的诗打动了舒伯特的心灵，他眼前出现了慈爱的母亲的形象。是呀，在宁静的夜晚，母亲轻轻地拍着孩子，哼唱着摇篮曲，银色的月光透过窗子照在母亲和孩子的身上，这是多么美好的生活呀！

舒伯特再也抑制不住自己的激情，于是，他从口袋里掏出一张纸，拿出一支铅笔，一面哼唱，一面急速地写着。舒伯特写好后，把歌曲交给了饭店的老板，老板虽然不懂音乐，但觉得这首曲子那么好听、那么优美，便给了舒伯特一份土豆烧牛肉。

舒伯特在贫困中以美好的心灵为母亲和孩子们写下了这首甜美的歌曲，这首《摇篮曲》很快在世界各地传唱开来，而它的作者舒伯特却在贫困中死去了……

Celebrity stories

舒伯特只活到31岁就去世了。他的创作生涯虽然很短暂，却给后人留下了大量的音乐财富：六百多首艺术歌曲，十八部歌剧、歌唱剧和配剧音乐，十部交响曲，十九首弦乐四重奏，二十二首钢琴奏鸣曲，四首小提琴奏鸣曲以及许多其他作品。他因此被后人称为"歌曲之王"。

成功密码

因一份报纸而诞生了一首伟大的歌曲！舒伯特总能从一件小事物上找到创作的灵感。不停闪现的灵感正源于他扎实的音乐基础和对音乐的挚爱之情。凭着对音乐的热爱，舒伯特创作出大量的歌曲，这些歌曲感情真挚，内容丰富，形式多样。舒伯特也正因此被人们誉为"歌曲之王"。

杰出的爱国主义作曲家
肖邦

人物档案

姓　　名：弗雷德里克·弗朗索瓦·肖邦

生 卒 年：1810～1849

国　　籍：波兰

身　　份：音乐家

重大成就：创作了大量钢琴曲

　　肖邦出生在一个教师家庭，全家都酷爱艺术。当肖邦还在襁褓中时，他便对母亲和姐姐的钢琴声有奇特的反应。刚刚懂事的时候，他时常爬上琴椅，用小手敲打键盘，一听到弹出的声音就兴奋得手舞足蹈。当姐姐弹琴时，他也吵着要弹。于是，母亲就让4岁的肖邦和7岁的姐姐一起学琴，没过多久，小肖邦的水平就超过了姐姐。

　　肖邦6岁时，便能根据听过的乐曲编出新的曲调。父母意识到小肖邦具有超常的音乐天赋，于是让他跟随宫廷钢琴师季夫尼正式学习音乐。

　　8岁时，肖邦举行了第

■ 正在演奏的肖邦

一次公开演奏。台下的人们都坐直了身子，瞪大眼睛，全神贯注地倾听着肖邦演奏的优美柔和的旋律。当肖邦的演奏结束时，观众还如痴如醉地沉浸在美妙的音乐之中。直至肖邦从琴凳上跳下来，恭恭敬敬地向

■ 肖邦（后排右二）与同时代的法国钢琴家。

观众鞠躬时，台下才爆发出热烈的掌声。

人们对这位天才儿童的音乐天赋讶异不已，将他誉为"莫扎特第二"。从此以后，肖邦便经常即席作曲并当场演奏。

在不到20岁的时候，肖邦就成了波兰著名的钢琴演奏家和作曲家。可是这个时候，波兰遭到欧洲列强的侵略，有十分之九的领土落到了沙皇俄国的手里。波兰人民从此陷入了被欺凌、被压迫的深渊。年轻而富有才华的音乐家肖邦满怀悲愤，不得不离开自己的祖国，前往法国巴黎。

就在他离开祖国的那几天，华沙爆发了反抗沙俄统治的起义。可是，不久起义就失败了。肖邦得知这一消息，悲愤欲

绝。他将自己的一腔热血化成了音符，写下了著名的《革命练习曲》。那催人奋起的旋律，表现了波兰人民的呐喊与抗争。

肖邦日夜思念着祖国。他把亡国的痛苦和对祖国前途的忧虑，全部倾注在自己的音乐创作之中。他勉励自己要工作，工作，再工作。他常常把自己关在幽暗的房间里，点上一支蜡烛，彻夜地作曲、弹琴。时间在流逝，可是他已根本没有了时间的概念。

肖邦在法国巴黎一住就是十八年。为了祖国，也为了生计，肖邦四处奔波。疲劳加上忧愤，使肖邦原来的肺结核病又复发了。1849年10月，他终于躺倒在病床上。弥留之际，肖邦

■ 肖邦弹奏的音乐听得人们如痴如醉。

紧紧握着姐姐的手，喃喃地说："我死后，请把我的心脏带回去，我要长眠在祖国的土地上。"

　　肖邦就这样带着亡国之恨在异国他乡与世长辞了，当时他才39岁。肖邦用短短的一生创作了很多具有爱国主义思想的钢琴作品，其中有与波兰民族解放斗争相联系的英雄性作品，有充满爱国热

■ 肖邦纪念像。

情的战斗性作品，有哀恸祖国命运的悲剧性作品，还有怀念祖国、思念亲人的幻想性作品。他一生不离钢琴，所有创作几乎都是钢琴曲，因此被人们称为"钢琴诗人"。

成功密码

毫无疑问，肖邦又是一位音乐神童，这让他在成才的道路上比别人有了一个更高的起点。肖邦与生俱来的强烈的爱国主义情感，对他的成才起到了很大的促进作用。正是基于他对自己祖国的这份热爱，他才创作出一批宏伟的、打动人心的音乐作品。

浪漫主义钢琴大师
李斯特

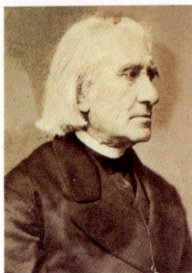

人物档案

姓　　名：弗朗茨·李斯特

生 卒 年：1811～1886

国　　籍：匈牙利

身　　份：作曲家、钢琴家、指挥家和音乐活动家

重大成就：现代钢琴技术的创造者之一

　　李斯特生于匈牙利的雷汀镇，父亲是一名会计师，也是一位业余的音乐家。他6岁起随父亲学习钢琴，演奏了贝多芬的大量作品，风格独特的匈牙利吉卜赛人的民间音乐也在他幼小的心灵中留下了深刻的印象。

　　李斯特9岁时在欧登堡举行了第一次独奏音乐会，取得了很大成功。父亲看到儿子在音乐上的才能，决心进一步给他创造条件，便卖掉所有家具，凑足费用，全家迁到了音乐之都维也纳。

　　10岁的李斯特来到维也纳后，跟随贝多芬的学生、伟大的钢琴教育家车尔尼学习演奏，同时向著名的意大利作曲家萨利埃里学习作曲。一年后，他在维也纳举行了首次音乐会，轰动了全城。第二年，他举行了第二次音乐会，这次音乐会使他终身难忘。

　　53岁的贝多芬这时候正住在维也纳，由于双耳失去听力，所以他很少在公众场合露面。谁也不曾想到，他居然出席了李斯特的第二次音乐会。那天，李斯特虽然用尽浑身解数，竭尽全力认真演奏，可惜贝多芬什么也没听见。音乐会结束后，贝多芬走到台上，交给他一个主题，让他即兴演奏。贝多芬听不见，但从李斯特触键的手指上、表情上完全感受到了他奏出的音乐。贝多芬抑制不住内心的喜悦，搂住李斯特，亲吻他，并预言："这孩子将以自己的音乐震惊世界。"

　　李斯特自从10岁随父亲离开家乡，以后再也没有回到过祖国。但他对于祖国，对于祖国人民时刻未曾忘怀。1838年，匈牙利遭受水灾，一百多万人背井离乡，无家可归。旅行演出中的李斯特闻讯后，立即赶回维也纳，为家乡同胞举行了10场义演。李斯特精湛的演奏艺术和拳拳的爱国之心，令观

■ 年轻时代的李斯特。

众深受感动。

李斯特不但用自己的才能帮助家乡人民，还常常利用自己的著名音乐家的身份帮助那些不怎么出名的音乐家。

1831年，肖邦从波兰流亡到巴黎。当时，李斯特已经名气很大，而肖邦则只是个默默无闻的小人物。李斯特对肖邦的才华非常赞赏。怎样才能使肖邦在观众面前赢得声誉呢？那时候，在演奏钢琴时，往往要把剧场的灯熄灭，一片黑暗，以便观众能够聚精会神地听演奏。李斯特坐在钢琴前面，当灯一熄灭，就悄悄地让肖邦过来代替自己演奏。观众

■ 李斯特在魏玛宫廷演奏。

被琴声征服了。演奏完毕，灯亮了，观众看到舞台上坐着肖邦，大为惊愕。人们既为出现了一颗灿烂的钢琴演奏新星而高兴，又对李斯特推荐艺术新秀的行为表示钦佩。

李斯特一生创作了大量的音乐作品，其中占主要地位的是钢琴作品，这些作品为钢琴音乐的发展做出了巨大的贡献。

■ 李斯特的雕像。

由于李斯特的作品大多具有浪漫主义风格，因此很多人称他为"浪漫主义钢琴大师"。

成功密码

李斯特不但拥有杰出的音乐才能，而且乐于助人。在他12岁那年，他的才能获得了贝多芬的由衷赞叹。他成名后，更是利用自己的才能和身份为遭遇水灾的祖国人民筹集资金，为还不怎么出名的音乐家提供机会。他的才能和助人为乐的精神使他赢得了人们的尊敬。

圆舞曲之王
小约翰·施特劳斯

人物档案

姓　　名：约翰·施特劳斯

生 卒 年：1825~1899

国　　籍：奥地利

身　　份：作曲家、指挥家

重大成就：创作了一百多首圆舞曲作品

　　小约翰·施特劳斯出生于维也纳一个音乐世家。父亲老约翰·施特劳斯是维也纳舞蹈音乐作曲家之一，是圆舞曲的开拓者，被称为"圆舞曲之父"。但老约翰·施特劳斯却不希望自己的孩子再走上这条辛苦劳累的音乐表演之路，所以坚决反对小约翰·施特劳斯学习音乐。

　　小约翰·施特劳斯还很小的时候，每当看到父亲手拿指挥棒意气风发地指挥乐队，他幼小的心灵便充满了崇拜与憧憬，在不知不觉中喜欢上了音乐。他暗下决心长大后也要当个音乐

■ 小约翰·施特劳斯年轻时的画像。

家，因此时常背着父亲偷学乐器。

有一次，小约翰·施特劳斯想方设法弄来一把小提琴，便跟着父亲乐队里的小提琴手学习演奏技巧。小约翰·施特劳斯进步神速，并且展现出非凡的天赋。可是有一天，当他正聚精会神地练琴时，房门突然被踢开，父亲怒气冲冲地闯进来，不分青红皂白便将小提琴抢过来摔成了两半。

为了断绝小约翰·施特劳斯学习音乐的念头，父亲将他送入商业学校就读，希望把他培养成杰出的银行家。然而，父亲的这种做法却未能阻止小约翰·施特劳斯对音乐事业的热爱。在母亲的暗中支持下，他学习了小提琴，又接着学习了乐理与作曲。

无论父亲如何阻挠，小约翰·施特劳斯还是在音乐上渐渐有了成就。1844年，年仅19岁的小约翰·施特劳斯组织起一个管弦乐队，并在维也纳举行了首

■ 小约翰·施特劳斯雕像。

次演奏。在这次首演中，小约翰·施特劳斯带着乐队演出了自己创作的圆舞曲。那清新明快的节奏，美妙动人的旋律，使听众如痴如醉，他们的情绪被推上了高潮。在听众"再来一遍"的强烈要求下，小约翰·施特劳斯的新作圆舞曲《寓意短诗》被翻来覆去地演奏了19遍。

可以说，这次演出获得了极大的成功。第二天，维也纳的报纸上登出了如下的词句："晚安！老施特劳斯。早安！小施特劳斯。"这足以证明，小约翰·施特劳斯的时代已经降临。

小约翰·施特劳斯的音乐活动得到了维也纳市民的支持。此后，他开始在欧洲各地展开巡回演出，所到之处，掌声雷动，使得圆舞曲风行一时，他也为自己赢得了崇高的声誉。37岁以后，小约翰·施特劳斯开始将时间和精力用在创作上，

■ 小约翰·施特劳斯非常擅长小提琴演奏。

写出了《蓝色多瑙河》《维也纳森林的故事》《艺术家的生涯》等脍炙人口的不朽名作。

小约翰·施特劳斯的一生是在创作和演出中度过的。他一共创作了168首圆舞曲。他的圆舞曲保存了奥地利民间音乐的朝气和魅力，同时又兼具维也纳城市音乐的强烈感情，

■ 小约翰·施特劳斯为圆舞曲的发展做出了重大贡献。

真实地反映了奥地利自然景色的美。他因此被人们誉为"圆舞曲之王"。

成功密码

出生在音乐世家的小约翰·施特劳斯并没有获得很好的学习音乐的机会，甚至还受到了百般阻挠。但他凭着一颗热爱音乐的心，暗中偷偷地学习音乐，向自己的理想和目标迈进。面对困难，他从不放弃，甚至迎难而上，公然挑战父亲的权威，最终，他获得了巨大的成功。

俄罗斯音乐之父
柴可夫斯基

人物档案

姓　　名：彼得·伊里奇·柴可夫斯基

生 卒 年：1840～1893

国　　籍：俄国

身　　份：音乐家

重大成就：创作了大量影响深远的音乐作品

　　柴可夫斯基出生在俄国维亚特卡省的一个矿山工程师家庭，他的童年时代在遥远的山区度过。小柴可夫斯基对音乐十分敏感和喜爱，当地流传的许多优美的民歌、渔歌，给他留下了最初的音乐记忆。

■ 柴可夫斯基创作的舞剧《天鹅湖》演出剧照。

柴可夫斯基的母亲很会唱歌，经常为小柴可夫斯基哼唱古老的俄罗斯民歌和当时的流行歌曲。柴可夫斯基从母亲那里得到了最初的音乐启蒙教育。

在柴可夫斯基很小的时候，西方的古典音乐已经给他留下了深刻的印象。有一次，父亲从当时俄国的首都圣彼得堡带回一个音乐钟，

■ 柴可夫斯基

音乐钟会自动播放莫扎特的歌剧《唐·乔万尼》中的一段抒情调。柴可夫斯基听得入了迷，乐音萦绕于脑海中久久不散。从此，莫扎特的名字便深深地刻在柴可夫斯基的心中，成为他这一生要学习的榜样，而莫扎特的音乐成就更成为他以后想要达到甚至超越的目标。

在柴可夫斯基6岁时，他开始学习钢琴。虽然柴可夫斯基的父母知道他有音乐天分，但并不认为他有成为专业音乐家的条件，于是要求他选读法律。因此柴可夫斯基在10岁时就离家前往圣彼得堡，进入一家法律预备学校就读。在求学期

间，柴可夫斯基对音乐的热爱有增无减，他常利用课余时间努力学习钢琴，有时甚至达到废寝忘食的地步。

柴可夫斯基从法律学校毕业后，进入司法院担任事务员，但他对法律工作没有丝毫兴趣，而对音乐的追求却越来越强烈。于是，他说服父亲，在工作的闲暇进入了大钢琴家安东·鲁宾斯坦设立的音乐教室学作曲。

后来，对音乐的热爱促使柴可夫斯基辞去了司法院的工作，专门从事音乐的钻研和创作。柴可夫斯基在作曲方面进步很快，这一时期他完成了一些管弦乐及室内乐小品的习作。

■ 柴可夫斯基（右一）与朋友的合影。

1866年，柴可夫斯基应邀担任了莫斯科音乐学院的作曲教授。这时，他进入了自己音乐创作的第一个时期，他的许多早期名作，如芭蕾舞剧《天鹅湖》就是在这个时候诞生的。在这之后，柴可夫斯基陆续创作了大量优秀的音乐作品，比如舞剧《睡美人》《胡桃夹子》，以及《小提琴协奏曲》《意大利随想曲》等，这些作品直到现在还很受人们的欢迎。

柴可夫斯基的音乐建立在民歌、民间舞蹈音乐基础上，乐曲中呈现出浓烈的生活气息和

● 柴可夫斯基创作的舞剧《睡美人》演出的场景。

民间特色。他不仅是现实主义和浪漫主义结合的典范，而且是一位以音乐探索人生奥秘的大师。他凭借自己卓越的音乐成就，被人们称为"俄罗斯音乐之父"。

成功密码

柴可夫斯基不像他喜欢的莫扎特那样，是个音乐神童，但他拥有一颗对音乐挚爱的心。无论什么时候，他从未放弃过对音乐的梦想。柴可夫斯基正是凭着这种对音乐的执著追求和废寝忘食的钻研精神，畅游于音乐的殿堂，最终成为俄罗斯历史上最杰出的作曲家。

激情的形体思想家
罗丹

人物档案

姓　　名：奥古斯特·罗丹

生 卒 年：1840～1917

国　　籍：法国

身　　份：雕塑家

重大成就：创作出《思想者》《吻》等传世杰作

罗丹出生在巴黎拉丁区一个普通的平民家庭。父亲是警察局的一位普通雇员，母亲是佣工出身的平民妇女。

童年时的罗丹是个害羞而又近视的孩子。他最热衷、最迷恋的事就是趴在地上画画。可是由于家里穷，根本没有多余的钱买纸来给他学绘画，因此，他只好在砖块、石头和墙上画。

■ 罗丹的学生密尔为罗丹塑的胸像。

一天早晨，小罗丹一家人围着桌子吃早餐。妈妈将带有包装纸的食品打开，然后随手将包装纸扔到了餐桌底下。小罗丹的注意力马上就被那张包装纸给吸引了：多么难得的纸啊，可以用来画画。于是，他情不自禁地钻到桌子底下去捡那张

纸，可是过了好半天，他也没有钻出来。

爸爸生气地说："该死的家伙，你在桌子底下干什么呢？快点给我出来吃饭！"可桌子底下的小罗丹好像没有听见爸爸的话似的，依然一点动静也没有。妈妈赶紧弯下腰，想要看看小罗丹在干什么。谁知他正趴在桌子底下，拿着小铅笔头，在那张包装纸上一笔一笔地画着爸爸的皮鞋……

小罗丹决定要以画画为生。但是父亲认为艺术算不得正经行业，一心想让儿子从事体面些的工作。小罗丹却怎么也不肯改变主意。母亲和姐姐也帮着他说情，最后父亲让了步。

14岁这年，罗丹进了美术工艺学校。在学校学习美术时，由于买不起油画颜料，罗丹转到了雕塑班，在当时法国著名的动物雕塑家巴耶那里学习，并从此爱上了雕塑。经过三年艰苦而勤奋的学习后，罗丹踌躇满志，决定报考巴黎美术学院，但是，他落选了。第二年依然落选。第三年，一位老师在罗丹的名字旁边干脆写上："这个考生毫无才能，继续报考，纯粹是浪费时间。"就这样，这位未来的欧洲雕塑大师，竟被巴黎美术学院永远地拒之门外了。这件事对罗丹来说是一个沉重的打击，但他并没有因此放弃成为雕塑家的努力。

几年后，罗丹开始了边工作边自学的奋斗生涯。他雇不起雕塑用的模特儿，就请一个塌鼻的乞丐当模特儿。罗丹看到了在乞丐丑陋的被磨损的脸上有着人类所共有的愁苦和凄凉。从此在罗丹的眼中，生活的美丑和

■ 罗丹最著名的雕塑作品——《思想者》

艺术的美丑有了不同的意义。他创作时将所要展现的思想内涵融入到作品中去，使人们在思想上所感受到的触动要远远超过视觉感受。

罗丹把雕塑当做自己的毕生事业后，就开始不停地与偏见、政府、美术馆做斗争。他的《青铜时代》因为太像真人而被人怀疑是用人体浇铸而成的，直到罗丹在几位权威评审委员面前当众雕塑《行走的人》，流言才被粉碎。罗丹也由此告别默默无闻，走上了成功之路。

罗丹的代表作之一——《巴尔扎克》

成功密码

罗丹的成才之路充满着艰辛和曲折，从最初踌躇满志报考艺术学院遭拒，到一部部面世的作品受到斥责和攻击，他遭受了常人难以想象的困难。但这一切都熄灭不了他那钟爱雕塑艺术的热情之火。他顶着巨大的压力，在艰难的境地中继续着自己不懈的努力和探索，最终成为一位杰出的雕塑家。

印象派绘画之父
莫奈

Monet

人物档案

姓　　名：克劳德·莫奈

生 卒 年：1840 ~ 1926

国　　籍：法国

身　　份：画家

重大成就：创立了"印象派"这一绘画派系

　　莫奈出生在法国巴黎，父亲是一位商人，在法国北部港口阿弗尔经营着一家仪器店。

　　莫奈5岁时，来到父亲的身边，并进入了当地的学校。小莫奈不爱学习，但很喜欢绘画。他常常把老师和同学当做绘画对象，在笔记本上画漫画，日积月累，渐渐掌握了一些绘画技巧。小莫奈乐此不疲，加上与生俱来的秉赋，几年之后，他的漫画居然开始在文具店里展出并且出售。

　　15岁的时候，莫奈在当地已经小有

■ 莫奈的绘画作品——《干草垛》

名气。经过画商的
介绍，这位少年画
家被专门描绘海上
风光的画家布丹看
中。布丹动员莫奈
学习用油画和素描
来画风景。开始时
莫奈很不以为然，
甚至找借口有礼貌
地加以拒绝。但在

■ 莫奈的绘画作品——《睡莲》

布丹反复的劝说下，他最终还是同意了。

布丹喜欢在露天作画，他主张"一定要去寻找自然的纯朴的美""要顽强地保留最初的印象"。莫奈很赞同布丹的观点，因为在他的内心里也充满了对大自然的热爱。莫奈跟随布丹学画时，两人经常一起到户外作画。在布丹和其他一些画家的帮助下，莫奈的绘画技术有了很大的提高。

1874年，莫奈和一群绘画风格与自己相似的朋友合作举办了一场画展。他们的作品着色怪异、下笔粗放，以简朴的日常生活

■ 莫奈的成名作——《日出·印象》

为题材，不跟随潮流描绘端庄严肃的人像和宏伟的历史场面。这些作品一经展出，立刻成为巴黎街头巷尾谈论的话题，人们不但讥笑他们，甚至向画布吐口水。

其中莫奈所绘的一幅海景受到的讥讽最多。他画的是阿弗尔港早晨的景色，题名为《日出·印象》。于是，一个喜欢讥诮别人的评论家就用这个题名挖苦莫奈和他的画家朋友，称他们为"印象派"。莫奈劝他的朋友就用评论家送给他们的诨号做画派名称，以表示反抗。不久后，莫奈就成为这一画派公认的领袖。

从经济角度看，那次画展完全失败，一张也没有卖出。但这种新风格的画却从此出了名，后来竟响彻全球，迷倒了千百万人。

作为印象派的创始人，莫奈画画时非常注意观察事物。

有一次，莫奈画伦敦的威斯敏斯特教堂。画面上弥漫着紫红色的雾，教堂的轮廓在雾中隐约显现。这幅画展出后，人们对画面上雾的颜色感到惊奇和不解：雾是灰色的呀，为什么莫奈画成紫红色？人们来到伦敦大街上，抬头远望，噢，那雾果真是紫红色的。

■ 莫奈的自画像。

原来，城市中林立的烟囱不断喷出带火星的煤烟，将雾映成了紫红色。人们钦佩莫奈能准确把握伦敦的特征，称赞他是"伦敦雾的创造者"。

莫奈就是这样一丝不苟地创作出了许多印象派绘画名作，人们为了表示对他的尊敬，都称他为"印象派绘画之父"。

成功密码

莫奈从小就有一定的绘画天赋，在小有名气之后，又跟随别人学习新的绘画技法。他不跟随潮流，不顾世俗的讽刺，勇于创新，最终得以创造出"印象派"这一绘画派系，为绘画艺术的发展做出了杰出的贡献。同时，他绘画时态度极其认真，一丝不苟。这些最终使他成为一名杰出的绘画大师。

后印象派绘画大师
凡·高

Van Gogh

人物档案

姓　　名：文森特·凡·高
生 卒 年：1853～1890
国　　籍：荷兰
身　　份：画家
重大成就：在印象派的基础上创造出独特的艺术风格

　　文森特·凡·高是荷兰最著名的画家，也是世界上最著名的画家之一。他出生在荷兰的一个基督教家庭，父亲是一名牧师。父亲经常带着凡·高四处传教、给人看病。

　　父亲一直坚信凡·高会成为自己的接班人，因为凡·高天性善良，同情和关心穷苦的人，并且对自己的职业有一种独特的兴趣。

　　凡·高外表有些孤僻、木讷，内心却敏感丰富。他没有太多的爱好，唯一的消遣就是绘画。他为自家的园子、房子的前门和集市画了不少写生。他常常在家四周的田野中独自徘徊，对着点缀在荒原上的无数水塘发呆。

凡·高的绘画作品——《夜晚露天咖啡座》

有一天，凡·高的父亲问儿子："文森特，你愿意像我一样，成为一名牧师吗？"可凡·高的回答令他很失望："这是您的心愿吗？爸爸，也许我更适合干些别的工作。"原来，在凡·高崇拜的偶像当中，上帝并不占第一位。他崇拜的是著名的画家伦勃朗、米勒等人。

父亲没有勉强儿子。1869年中学毕业后，凡·高被送到海牙一家美术商店当学徒，这算是他最早接受的"艺术教育"。不久他又先后到巴黎总店和伦敦分店卖画。年仅16岁的凡·高就这样天天接触美术作品，耳濡目染，认识和欣赏能力渐渐增强。可是这并没有使他受到赏识，他的工作也没有得到认可。不久，凡·高就不辞而别，回到家里。

1878年12月，凡·高前往比利时博里纳日矿区从事牧师工作。那里是一个类似地狱的地方，矿工们过着非人的生

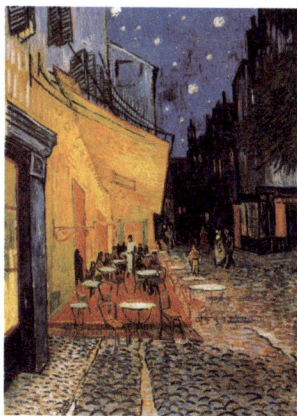

活，矿井经常发生瓦斯爆炸事故。一次，凡·高在矿区闲逛，突然，他从一个老矿工身上发现有一种什么东西打动了自己，这种触动驱使他从口袋中翻出一截铅笔和一个用过的信封。他迅速地把那个迈着缓慢、沉重的步伐，穿过黑色原野的身影在信封上画了下来。就这样，凡·高回到绘画事业上来了。

1886年，凡·高来到巴黎与弟弟泰奥一起生活。他在巴黎第一次看到印象派的绘画，大为震惊。泰奥把印象派的情况介绍给他，他们还一起参观了印象派画展。凡·高仔细地揣摩了所有的展览品。灿烂的阳光、丰富的色调，给了他许多灵感。于是，他开始到街头、近郊写生，创作出了大量优秀的作品。

1888年，厌倦了大城市生活的凡·高来到法国南部小城阿尔，在这里开始了他一生中创作的高潮，他最著名的作品《向日葵》就是在这一年完成的。但是后来他却陷入了精神疾病的泥潭。之后，凡·高怀着复杂的心情来到圣雷米的修道院接受治疗。他每隔一段时间就发一次

■ 《向日葵》是凡·高最著名的绘画作品。

病，但平时他极为清醒，清醒时他还创作了大量作品，成为用心灵作画的大师。

成功密码

凡·高在走向成功的道路上经历了比其他画家更多的艰辛和曲折。他的生活并不是一帆风顺的，他的绘画理想也是在经历生活的种种磨难之后才确立的。凡·高自从选择了绘画，便从未放弃。在不断地努力学习和探索之中，他最终形成了自己独特的风格，成为荷兰乃至全世界最杰出的画家之一。

Picasso

新画派的宗师
毕加索

人物档案

姓　　名：巴勃罗·毕加索

生 卒 年：1881～1973

国　　籍：西班牙

身　　份：画家、雕塑家

重大成就：创造了"抽象派"画法

　　毕加索出生在一位绘画教师的家庭。他在很小的时候就显露出了绘画天赋，还学会了用绘画表达自己的意志。

　　有一次，还不太会说话的小毕加索用笔画了一个螺旋状的物体，表示他要吃一种西班牙小吃——油炸甜饼；还有一次，他信手画了一幅阿拉伯风格的图画，对父亲说这是一块甜蛋糕。毕加索刚会走路，就经常一动不动地看父亲作画。他常常站在父亲的身后，惊奇地看着父亲用画笔将五颜六色的颜料涂抹到画布上，变成了一幅幅美丽的图画。于是，他经常趁父

■ 毕加索热爱艺术，不断在自然界中追寻创作的灵感。

亲不在，偷偷地抚摸父亲的画笔。再大一点，他就不光玩画笔了，还要用它蘸上颜料，抹在纸上、墙上、地上甚至自己身上。

　　父亲的画技平平，不是个出色的画家，但是，他在对孩子的教育上却非常成功。当他发现儿子喜欢玩画笔时，不是简单地制止，而是告诉儿子这是干什么用的，然后任孩子自由摆弄自己的全套绘画工具，培养他的兴趣；小毕加索有了作画的冲动，自己开始画画后，父亲从不给他修改，也不挑毛病，任他运用和发挥自己的观察力与想象力。在父亲的悉心培养下，小毕加索的绘画能力飞速提高，形成了自己独特的思维方式和奇幻的想象力。

　　毕加索6岁时，被父亲送进学校读书。可是生性好动、不愿受约束的小毕加索根本不喜欢学校的氛围，他最头疼的事就是学习了。每当父亲或老师检查毕加索的作业本时，总会发现里面几乎没有作业，只有各种各样的画。在所有的科目

■ 毕加索的代表作《格尔尼卡》表现的是1937年德国空军疯狂轰炸西班牙小城格尔尼卡的暴行。

中，毕加索最不喜欢数学，那些枯燥无味的数字和计算在他看来简直就是折磨。但是，他也不是始终讨厌这些数字符号。终于有一天，他用自己独特的绘画眼光发现了符号中的奥秘：那"0"不就是眼睛吗？鼻子是"6"，还有嘴巴、耳朵、眉毛……都可以看成是数字：3、8、7……

1891年，因为搬家的缘故，10岁的毕加索进入了达古阿达工艺学校，就读于人物绘画班。但是，毕加索除了绘画经常是"优"以外，其他成绩仍然不好。他越来越迷恋绘画，绘画水平也迅速提高。在这儿的四年时间里，毕加索开始接触正规的美术教育，并尝试了一些严肃的创作。少年时的毕加索在绘画上就已经有所创新和突破，他打破了传统的构图模式和绘画格局，使自己的画显示出了过人的创造力。

　　崭露头角的毕加索渴望到更广阔的天地去学习、创作。1900年，毕加索来到西欧的艺术中心——巴黎。到巴黎的第二年他就举办了个人画展。后来，他在巴黎定居，成为法国现代画派的主要代表。其作品不仅局限于绘画，还有为数极多的版画、雕刻、陶器等。直到92岁逝世，他始终没有停止过艺术创作。

■ 毕加索的作品——《梦》

成功密码

毕加索生在一个绘画教师家庭，这为他从小产生对绘画的兴趣创造了条件，而最终成长为最具有影响力的现代派画家，又是与他自身的努力分不开的。毕加索不拘泥于传统的创作手法，在自己的艺术生涯中不断地探索创新，从而创造了多种绘画手法和风格，成为"现代艺术魔术师"。

图书在版编目（CIP）数据

艺术巨擘 / 龚勋主编. —南昌：江西教育出版社，
2016.11

（影响孩子一生的中外名人成才故事）

ISBN 978-7-5392-9147-5

Ⅰ．①艺… Ⅱ．①龚… Ⅲ．①艺术家－生平事迹－世
界－儿童读物 Ⅳ．①K815.7-49

中国版本图书馆CIP数据核字(2016)第278514号

艺术巨擘
YISHU JUBO

龚勋　主编

江西教育出版社出版

(南昌市抚河北路291号　　邮编：330008)

各地新华书店经销

北京市松源印刷有限公司印刷

889毫米×1194毫米　32开本　4印张　字数100千字

2016年12月第1版　2017年5月第2次印刷

ISBN 978-7-5392-9147-5

定价：16.00元

赣教版图书如有印装质量问题，请向我社调换　电话：0791-86710427

投稿邮箱：JXJYCBS@163.com　　来稿电话：0791-86705643

网址：http://www.jxeph.com

赣版权登字-02-2016-684